Conheça nossos clubes

Conheça nosso site

@editoraquadrante
@editoraquadrante
@quadranteeditora
Quadrante

Título original
L'action du Saint-Esprit dans nos âmes

Copyright © 1988 Ediciones Palavra, Madrid

Capa
Gabriela Haeitmann

Dados Internacionais de Catalogação na Publicação (CIP)

Riaud, Alexis
A ação do Espírito Santo na alma / Alexis Riaud – 2ª ed. –
São Paulo: Quadrante Editora, 2024.

ISBN: 978-85-7465-644-1

1. Santíssima Trindade 2. Santificação e santidade I. Título

CDD–231.1

Índices para catálogo sistemático:
1. Santíssima Trindade : Cristianismo 231.1

Todos os direitos reservados a
QUADRANTE EDITORA
Rua Bernardo da Veiga, 47 - Tel.: 3873-2270
CEP 01252-020 - São Paulo - SP
www.quadrante.com.br / atendimento@quadrante.com.br

ALEXIS RIAUD

A ação do ESPÍRITO SANTO na alma

2ª edição

Tradução
M. Abrantes

Sumário

INTRODUÇÃO   9

Primeira parte
Quem é o Espírito Santo

O ESPÍRITO SANTO NA SANTÍSSIMA TRINDADE   15

O ESPÍRITO SANTO NA IGREJA   21

O ESPÍRITO SANTO NA ALMA FIEL   33

Segunda parte
Os dons do Espírito Santo

O QUE SÃO OS DONS DO ESPÍRITO SANTO?   39

O DOM DA CIÊNCIA   45

O DOM DO CONSELHO   55

O DOM DO ENTENDIMENTO   63

O DOM DA SABEDORIA   69

O DOM DA PIEDADE   75

O DOM DA FORTALEZA   83

O DOM DO TEMOR DE DEUS   93

Terceira parte
Os frutos do Espírito Santo

A CARIDADE E A ALEGRIA   101

A PAZ   109

A PACIÊNCIA E A LONGANIMIDADE   117

A BONDADE E A BENIGNIDADE   125

A MANSIDÃO E A FIDELIDADE   133

A MODÉSTIA   139

A CONTINÊNCIA E A CASTIDADE   147

A MARIA, ESPOSA DO ESPÍRITO SANTO   155

Espírito Santo, doce hóspede da alma,
mostrai-nos o sentido profundo do Grande Jubileu
e preparai o nosso espírito para celebrá-lo com fé,
na esperança que não defrauda,
na caridade que não espera recompensa.
Espírito de verdade,
que conheceis as profundezas de Deus,
memória e profecia da Igreja,
dirigi a humanidade para que reconheça
em Jesus de Nazaré o Senhor da glória,
o Salvador do mundo e a culminação da História.

Vinde, Espírito de amor e de paz.

Espírito criador, misterioso artífice do Reino,
guiai a Igreja com a força dos vossos dons
para cruzar com valentia os umbrais do novo milênio
e levar às gerações vindouras
a luz da Palavra que salva.
Espírito de santidade, alento divino
que move o Universo, vinde e renovai a face da terra.
Suscitai nos cristãos o desejo da plena unidade,
para serem verdadeiramente no mundo
sinal e instrumento da íntima união com Deus
e da unidade do gênero humano.

Vinde, Espírito de amor e de paz.

Espírito de comunhão, alma e sustento da vossa Igreja,
fazei que a riqueza dos carismas e ministérios
contribua para a unidade do Corpo de Cristo,
e que os leigos, os religiosos e os ministros ordenados

colaborem juntos na edificação do único Reino de Deus.
Espírito de consolo, fonte inesgotável de gozo e de paz,
suscitai a solidariedade para com os necessitados,
dai aos doentes o alento necessário,
infundi confiança e esperança nos que sofrem,
aumentai em todos o compromisso
por um mundo melhor.

Vinde, Espírito de amor e de paz.

Espírito de sabedoria,
que iluminais a mente e o coração,
orientai o caminho da ciência e da técnica
para o serviço da vida, da justiça e da paz.
Tornai fecundo o diálogo
com os membros de outras religiões,
e fazei com que as diversas culturas
se abram aos valores do Evangelho.
Espírito de vida, pelo qual o Verbo se fez carne
no seio da Virgem, mulher do silêncio e da escuta,
tornai-nos dóceis às demonstrações do vosso amor
e sempre dispostos a acolher os sinais dos tempos
que Vós pondes no curso da história.

Vinde, Espírito de amor e de paz.

A Vós, Espírito de amor, junto com o Pai onipotente
e o Filho unigênito, louvor, honra e glória
pelos séculos dos séculos.

> (São João Paulo II, *Oração para o segundo ano
> de preparação para o grande Jubileu do
> ano 2000, dedicado ao Espírito Santo*)

INTRODUÇÃO

Todos os que tiveram a alegria de ler os Manuscritos autobiográficos recordam as belas páginas em que Santa Teresa do Menino Jesus conta como foi levada a descobrir a "pequena via" que, em pouco tempo, iria conduzi-la à mais elevada santidade. Conta-nos ela que sempre teve o desejo de ser santa, e uma grande santa. No entanto, quando se comparava aos santos de outros tempos, parecia-lhe que entre ela e esses gigantes da santidade havia a mesma diferença que se observa na natureza entre as montanhas mais altas e um pequenino grão de areia calcado aos pés pelos passantes. "Sou pequena demais" — concluía — "para subir a íngreme escada da perfeição".

Mas, longe de desanimar à vista dessa incapacidade, disse a si mesma que Deus nunca inspira desejos irrealizáveis a ninguém, e que portanto ela podia aspirar à santidade apesar da sua pequenez. Tinha de haver um caminho "bem direto e bem curto", uma espécie de "elevador divino", que lhe permitisse realizar os seus grandes desejos.

Alguns textos luminosos da Sagrada Escritura fizeram-na descobrir essa "pequena via", e Teresa compreendeu que o elevador divino que a levaria aos mais altos cumes da santidade eram os braços de Jesus Cristo. Os braços de Cristo, que são também os braços do Pai, desse Pai infinitamente misericordioso,

A ação do **ESPÍRITO SANTO** na alma

que tem um coração mais terno do que a mais terna das mães…

Mas, que são esses "braços" se não o Espírito Santo, que é ao mesmo tempo o Espírito do Pai e o Espírito do Filho, Aquele por meio de quem o Pai e o Filho realizam em nós toda a santidade? Ele é esse Amor Misericordioso de Deus ao qual Teresa se tinha entregado sem reservas, para que levasse a cabo na sua alma, sem encontrar obstáculos, as maravilhas que conhecemos.

Foi Ele quem transformou a pequena Teresa de Lisieux na grande santa, na grande taumaturga e na grande conquistadora do nosso tempo. E não há a menor dúvida de que levaria a cabo maravilhas semelhantes em cada um de nós se soubéssemos, como Teresa, abandonar-nos sem reservas à sua ação divina.

Esta é uma das grandes lições que decorrem da vida e dos escritos da Santa de Lisieux. Afinal, pode muito bem acontecer que nos esqueçamos do papel primordial e absolutamente necessário que cabe ao Espírito Santo na obra de santificação de todas as almas, ou pelo menos não consigamos reconhecer na prática a sua atuação.

É conveniente para vós que Eu me vá — disse o Senhor aos seus Apóstolos — porque, se não for, o Paráclito não virá a vós; pelo contrário, se for, Eu vo-lo enviarei […], e Ele vos ensinará toda a verdade (Jo 16, 6-8). Ele é o Espírito que dá a vida, e só podemos ser verdadeiramente filhos de Deus na medida em que nos deixamos guiar por Ele.

Muitos pensam que os dons do Espírito Santo são qualquer coisa de supérfluo no nosso organismo sobrenatural, que só são úteis a umas poucas almas chamadas

INTRODUÇÃO

a uma santidade extraordinária ou destinadas a viver em circunstâncias particularmente difíceis; para a grande maioria das pessoas, seriam dispensáveis. Mas não é assim que pensa o maior de todos os teólogos, São Tomás de Aquino, para quem a ação do Espírito divino sempre é necessária — juntamente com o auxílio das virtudes teologais e morais Muitos pensam que os dons do Espírito Santo são qualquer coisa de supérfluo no nosso organismo sobrenatural, que só são úteis a umas poucas almas chamadas a uma santidade extraordinária ou destinadas a viver em circunstâncias particularmente difíceis; para a grande maioria das pessoas, seriam dispensáveis. Mas não é assim que pensa o maior de todos os teólogos, São Tomás de Aquino, para quem a ação do Espírito divino sempre é necessária — juntamente com o auxílio das virtudes teologais e morais — para que o homem possa atingir o seu fim último sobrenatural. E também não é essa a opinião de São Paulo, ou seja, do próprio Espírito Santo que inspirou esse grande Apóstolo, já que, segundo o seu ensinamento, não somos capazes sequer de um bom pensamento sem a ajuda do Espírito Santo: Ninguém — confidencia-nos ele — pode dizer: "Senhor Jesus", a não ser no Espírito Santo (1 Cor 12, 3).

Não será que tantas almas têm desistido — e continuam a desistir todos os dias — do caminho da santidade precisamente por desconhecerem, na prática, o papel indispensável do Espírito divino na obra da sua santificação pessoal? Diante da aparente inutilidade dos esforços que fazem por superar os seus defeitos, acabam concluindo que essa tarefa é superior às suas forças, que Deus não as chama à perfeição, e que só

A ação do **ESPÍRITO SANTO** na alma

lhes cabe contentarem-se com a honesta mediocridade do comum dos mortais.

No entanto, foi a todos os homens que o Senhor disse: Sede perfeitos — com a perfeição própria do vosso estado de vida — como o vosso Pai celestial é perfeito (Mt 5, 48). E sabemos muito bem que o nosso Salvador não tem outro desejo senão o de ver que todas as almas, a quem Ele resgatou ao preço do seu sangue, correspondem ao seu chamado e se vão fazendo santas.

Desanima aquele que conta apenas consigo, com os seus próprios esforços, ao invés de apoiar-se inteiramente no Espírito Santo e tudo esperar dEle. Quererá isto dizer que devemos evitar os esforças pessoais na busca da perfeição? Longe de nós semelhante pensamento. O Reino de Deus sofre violência — diz-nos o Senhor — e são os violentos que o arrebatam (Mt 11, 12). É indispensável que perseveremos no empenho de caminhar pelos nossos próprios pés, como essa criança pequena de que fala Santa Teresa de Lisieux. Guardemo-nos, porém, de esperar qualquer resultado direto unicamente desses nossos esforços.

Importa muito ter em conta que a nossa luta não tem mais razão de ser do que preparar-nos para receber a ação do Espírito Santo, reduzindo-nos pouco a pouco a esse estado de humildade em que a ação do Espírito divino pode enfim exercer-se sem encontrar obstáculos na nossa alma. Esta é a razão por que devemos continuar a lutar perseverantemente durante todo o tempo que Deus quiser, sem ceder nunca ao desânimo nem preocupar-nos com a aparente inutilidade dos nossos esforços. Na realidade, ao dispor a nossa alma

INTRODUÇÃO

para a ação do Espírito Santificador, o nosso empenho contribui grandemente, embora de maneira indireta, para a nossa santificação.

Mas é apenas do Espírito Santo que devemos esperar a santidade, e esta santidade não nos será negada se soubermos perseverar na luta e esperar a hora marcada pela divina Providência. A alma que tiver posto toda a sua confiança em Deus nunca se verá confundida (cf. Sl 30, 2; 70, 1), jamais se verá defraudada.

O objetivo destas páginas é simplesmente recordar aos leitores — e, se for o caso, concretizá-las, apoiando-as nas Sagradas Escrituras e no Magistério da Igreja — as noções essenciais que todo o cristão deve conhecer acerca do Espírito Santo e do papel que desempenha na obra da nossa santificação; acerca da natureza dessas maravilhosas disposições infundidas em nós no dia do nosso Batismo a que damos o nome de dons do Espírito Santo, e por meio das quais o Espírito divino deseja dirigir de maneira eficaz a alma fiel para o seu fim último sobrenatural; e, por fim, acerca dos preciosos frutos que estes dons realizam infalivelmente em todas as almas que se entregam sem reservas à ação do Espírito Santo.

Que este divino Espírito — e o Dulcíssimo Coração de Maria, a quem dedicamos estas páginas — queira servir-se delas para reconfortar e animar muitas almas que correm o risco de sentir-se desencorajadas e de abandonar o caminho da santidade ao apalparem a sua incapacidade de fazer o bem. Se atingirmos esta finalidade, considerar-nos-emos amplamente recompensados pelo nosso trabalho. Este nosso mundo descentrado tem extrema necessidade de almas que

A ação do **ESPÍRITO SANTO** na alma

se abandonem sem reservas a Deus e reparem, com a fidelidade e a delicadeza do seu amor, a frieza e até a apostasia de tantas outras.[1]

Alexis Riaud, C. S. Sp.

---

1 Onde pareceu que seria útil para o leitor dispor de uns exemplos concretos, transcreveram-se algumas passagens de *Falar com Deus*, de Francisco Fernández-Carvajal, publicado pelas Edições Quadrante. Todas as referências a essa obra remetem à 3ª ed., 1995, vol. II, e serão indicadas pela sigla FD seguida do número da meditação, em algarismos arábicos, e do ponto, em algarismos romanos. [N. E.]

Primeira parte
Quem é o Espírito Santo

O ESPÍRITO SANTO NA SANTÍSSIMA TRINDADE

Quando São Paulo perguntou a um grupo de cristãos de Éfeso se tinham recebido o Espírito Santo ao se converterem, eles responderam-lhe: *Nem sequer ouvimos falar de que existisse o Espírito Santo* (At 19, 2).

Hoje em dia, embora os cristãos — graças a Deus! — já não ignorem a existência do Espírito Santo, temos de reconhecer que, infelizmente, a grande maioria só tem dEle uma noção muito vaga, e que estão longe de imaginar o tesouro que trazem no seu íntimo. Por isso, será conveniente que comecemos por definir, à luz das Sagradas Escrituras e da Tradição, e na medida em que a fragilidade do nosso espírito o permita, quem é o Espírito Santo.

O Espírito Santo, Amor mútuo do Pai e do Filho

Desde toda a eternidade, o Pai gera o Filho e o ama com um amor infinito e imutável. Também desde toda a eternidade o Filho é gerado pelo Pai e o ama com um amor igualmente infinito e imutável. Esse

Amor mútuo do Pai pelo Filho e do Filho pelo Pai é precisamente o Espírito Santo.

Esta é a bela doutrina que Santo Agostinho nos propõe e que São Tomás fez sua, doutrina que São Gregório resume nestes termos: *Ipse Spiritus est amor*, "este mesmo Espírito Santo é Amor".

Amor do Pai, pois é por seu intermédio que o Pai ama todas as coisas: ama o seu Filho, ama-se a si mesmo e ama-nos a todos nós, que somos obra das suas mãos. Amor do Filho, pois é por seu intermédio que o Filho ama todas as coisas: ama o Pai, ama-se a si mesmo e ama-nos a todos nós, que o Pai criou pelo Filho.

Esse Amor não é, como ocorre com o amor que temos nos nossos corações, uma perfeição acessória, algo que vem acrescentar-se ao nosso ser e que poderia muito bem desaparecer sem que a nossa substância sofresse qualquer modificação. O amor do Pai e do Filho, que é o Espírito Santo, é um amor *substancial*, *imutável* e *eterno*, e é o *próprio* Deus, tal como o Pai e o Filho, pois tudo o que há em Deus se identifica com a Natureza divina. É com esse Amor infinito, imutável e soberanamente perfeito que o Pai nos ama, e ama a cada um de nós no seu Filho, por maior que seja a nossa miséria.

O Espírito Santo é esse Amor misericordioso de Deus, a quem Santa Teresa do Menino Jesus se entregou como vítima de holocausto. Ele é esse laço inefável que une entre si o Pai e o Filho, que nos une a Cristo e nos une uns aos outros em Cristo, e que por Cristo nos conduz ao Pai, introduzindo-nos assim no íntimo da Santíssima Trindade.

Esta é a nobreza e a grandeza do destino da alma cristã!

O Espírito Santo, Pessoa divina

Nos seres humanos, o amor é um ato ou uma disposição da pessoa, mas não uma pessoa.

Entendemos por pessoa um ser dotado de inteligência e de vontade, capaz de pensar, de querer, de amar e de agir, e a quem podemos amar como se ama um pai, uma mãe, um mestre, um amigo, um esposo; a quem podemos confiar os nossos desejos e temores, as nossas alegrias e penas, e de quem podemos esperar alento e consolo; enfim, um ser como nós, consciente, livre e responsável pelos seus atos, e inteiramente distinto de qualquer outra pessoa.

O Espírito Santo é uma pessoa no sentido que acabamos de descrever, e é uma Pessoa divina, como o são o Pai e o Filho.[1]

Mentir ao Espírito Santo, com efeito, é *mentir a Deus* (cf. At 5, 3-5). E somos *templo de Deus* precisamente porque o Espírito Santo habita em nós (cf. 1 Cor 3, 16-17).

Esta Pessoa divina procede do Pai e do Filho ao mesmo tempo (cf. Jo 14, 26-27) e é distinta tanto de Um como do Outro. E Eu — diz Jesus aos Apóstolos — *rogarei ao Pai e Ele vos dará outro Paráclito* — isto é, outro protetor e consolador — *para que habite em vós para sempre* (Jo 14, 16).

---

1 Para uma explicação mais detalhada sobre a Terceira Pessoa da Santíssima Trindade, cf. Leo Trese, *A fé explicada*, 6ª ed., Quadrante, São Paulo, 1995, caps. III e IX. [N. E.]

É Ele o Autor dos livros inspirados da Sagrada Escritura. Conhece todas as coisas, incluídos os segredos divinos mais escondidos, pois é o próprio Deus. Perscruta o fundo dos nossos corações e nada escapa ao seu olhar divino.

É Ele quem torna fecunda a Santíssima Virgem, que por Ele concebe Cristo nosso Salvador.

É Ele quem inspira todas as ações de Jesus Cristo, porque é o Espírito do Pai, e Jesus não quer nenhuma outra coisa afora o que deseja o Espírito do Pai. É Ele quem desce sobre o Salvador de maneira visível, em forma de pomba, e quem o conduz ao deserto (cf. Mt 4, 1). É por meio dEle que Cristo se oferece ao seu Pai-Deus como hóstia imaculada sobre o altar da Cruz (cf. Heb 9, 14). É por seu intermédio que o Senhor ressuscita dentre os mortos. E é também por Ele que se realiza todos os dias, sobre os nossos altares, o milagre da transubstanciação do pão e do vinho.

É Ele o Consolador que o Senhor prometeu aos seus discípulos. É Ele quem fala em nosso lugar se somos acusados injustamente; quem leva a cabo tudo o que se faz na Igreja, designando a cada um o lugar que lhe está destinado desde toda a eternidade; quem realiza, pelo ministério dos Apóstolos, todo o tipo de maravilhas nas almas, tornando fecundo o apostolado; quem reza em nós e por nós, mesmo que não tenhamos consciência disso; quem põe nos nossos corações os sentimentos de confiança e de afeição filial pelo Pai; quem nos santifica, fazendo de cada um de nós verdadeiros filhos de Deus em Jesus Cristo (cf. Rm 8, 9-17).

O ESPÍRITO SANTO NA SANTÍSSIMA TRINDADE

Se o Filho veio ao mundo para restaurar a ordem original estabelecida pelo Pai e violada pelo pecado, cabe ao Espírito Santo levar até o fim a obra da Redenção por meio da santificação das almas. Esta é a razão pela qual Cristo disse aos seus discípulos que era bom para eles que Ele se fosse, a fim de deixar o seu lugar ao Espírito Santo, que deve ser — por vontade de Cristo e do seu Pai — nosso Amigo, nosso Consolador e nossa Força nas provações da vida presente.

Ah, se soubéssemos descobri-lo em nós pela fé e tirássemos proveito, em todas as circunstâncias, da sua luz, dos seus conselhos, das suas santas inspirações, que Ele deseja ardentemente comunicar-nos! No Céu, quando o véu da fé tiver caído, seremos incapazes de compreender como pudemos ser tão cegos e tão inconscientes com relação ao Espírito Santo durante a nossa vida terrena.

Meu Deus, Amor incompreendido, será possível que eu vos traga em mim há tanto tempo e tenha tirado tão pouco proveito da vossa santa presença?

Perdoai-me por vos haver ofendido tanto até o dia de hoje com a minha cegueira. Perdoai-me por vos haver entristecido tantas vezes com a minha resistência às vossas inspirações. Perdoai-me se porventura vos expulsei da minha alma por um pecado mortal. De hoje em diante, quero estar inteiramente entregue à vossa divina atuação.

"Santíssimo Espírito do meu Senhor, fazei-me ouvir a vossa voz suave e adorável. Dai-me o refrigério do vosso sopro cheio de delícias. Espírito divino, quero ser diante

A ação do ESPÍRITO SANTO na alma

de vós como uma pluma levíssima, para que o vosso sopro me leve aonde quiser, e para que eu nunca lhe ofereça a menor resistência" (Venerável Libermann).

O ESPÍRITO SANTO NA IGREJA

A alma do Corpo Místico

Depois de termos estudado quem é o Espírito Santo em si mesmo e no seio da Trindade, precisamos considerar agora o que a fé e a teologia nos ensinam acerca do seu papel no Corpo Místico de Cristo, que é a Igreja.

Entendemos aqui por "Corpo Místico de Cristo" a comunidade ou sociedade dos seres racionais — sem excluir, portanto, os anjos — que estão unidos a Cristo, quer dizer, à Pessoa do Verbo encarnado, por meio da graça santificante e da caridade, ou que pelos menos podem vir a estar unidos a Ele desta forma.

É assim que São Tomás de Aquino entende esta expressão: "O Corpo Místico" — escreve — "abarca todos os homens que existiram ou existirão desde o princípio até o fim do mundo".[1] Apenas os condenados do inferno estão excluídos para sempre. "O Corpo Místico" — acrescenta ainda — está constituído não somente pelos homens, mas também pelos anjos; e Cristo é a Cabeça de toda essa multidão".[2] E o Doutor Angélico apoia essas definições no testemunho de São Paulo.

---

1   *Suma Teológica*, 3, q. 8, a. 3.
2   *Suma Teológica*, 3, q. 8, a. 4.

Com efeito, o Apóstolo afirma que Cristo é a *Cabeça de todo o Principado e de toda a Potestade* (Cl 2, 10), e que por Ele o Pai quis reconciliar consigo todas as coisas: *as que estão sobre a terra e as que estão nos céus* (Cl 1, 20). Constituiu-o à sua direita, *acima de todo o Principado, Potestade, Virtude e Dominação e de tudo quanto tem nome, não só neste século como também no vindouro* (Ef 1, 20-22).

A Igreja terrena merece, sem dúvida, ser chamada "Corpo de Cristo" de uma maneira especial, como diz Pio XII, uma vez que é a parte visível desse Corpo, e é próprio de um corpo ser visível. Mas a Igreja do Céu e a da Terra não constituem a bem dizer duas Igrejas distintas; são antes, como faz notar São Tomás, dois estados de uma única e mesma Igreja: "Ambas são a mesma Igreja, e Cristo é a sua cabeça tanto em um estado como no outro, uma vez que, sendo Ele o primeiro na ordem da graça, é também o primeiro na ordem da glória".[3]

Afinal de contas, a Igreja terrena, que é passageira,[4] está toda inteira ordenada para dar origem e aperfeiçoar *essa Igreja gloriosa, sem mancha nem ruga ou qualquer coisa semelhante, mas santa e imaculada* (Ef 5, 27), que reinará no Céu com Cristo seu Esposo por toda a eternidade.

É dessa Igreja única, considerada nos seus diversos estados — Igreja da Terra, do Purgatório e do Céu ao mesmo tempo — que pretendemos falar aqui, e do vínculo misterioso que permite aos seus membros

---

3   *Comentários à Epístola aos Colossenses*, 1, 18.

4   Na medida em que passará juntamente com este mundo, no fim dos tempos. [N. E.]

O ESPÍRITO SANTO NA IGREJA

vivos formarem uma unidade, apesar da sua multiplicidade e diversidade, como diz São Paulo na Epístola aos Romanos: *Embora sejamos muitos, somos um só corpo em Cristo* (Rm 12, 5).

Ora bem, não há unidade sem princípio ou vínculo de união. Os membros do corpo humano só compõem uma mesma e única realidade porque há uma *forma espiritual*, a alma humana, que os une entre si e lhes permite constituir assim um mesmo e único todo.

Da mesma forma, a Igreja, considerada na sua totalidade e segundo os seus diversos estados, constitui com a sua Cabeça, Cristo, e apesar da diversidade dos seus membros, um todo único e idêntico, o Corpo Místico de Cristo ou "Cristo total". É necessário, pois, que exista nela um princípio de unidade, um vínculo que permita a todos os que a compõem perfazerem uma unidade. Este vínculo de união é o Espírito Santo.

"É a este Espírito de Cristo como *princípio invisível* — escreve o papa Pio XII — que se deve atribuir *a união que reina entre todas as partes do Corpo*, tanto das partes entre si como delas com a sua nobre Cabeça, uma vez que o Espírito está presente todo inteiro na Cabeça, todo inteiro no Corpo, todo inteiro em cada um dos membros".[5]

"O que a alma é para o corpo do homem" — dizia Santo Agostinho —, "o Espírito Santo o é para o Corpo de Jesus Cristo, que é a Igreja. O Espírito Santo realiza na Igreja aquilo que a alma realiza nos

---

5   Pio XII, Enc. *Mystici Corporis*, n. 57. Grifo nosso.

membros de um corpo".[6] E São Tomás, por sua vez, diz-nos: "Por meio do Espírito Santo somos um só com Cristo".[7] Estes autores, por sua vez, fazem-se eco dos ensinamentos de São Paulo, que proclama a mesma doutrina numa fórmula de concisão admirável: *Unum Corpus et unus Spiritus* (Ef 4, 4), "não há mais que um só Corpo e um só Espírito".

Assim, é o Espírito Santo quem, pela sua presença em Cristo e em cada um dos membros do seu Corpo Místico, constitui o vínculo substancial que nos une a todos com Cristo e nos une uns aos outros em Cristo.

Portanto, somos verdadeiramente um só em Cristo. É claro que isto não se dá da mesma maneira que se dá num corpo natural fisicamente uno — pois o vínculo que nos liga uns aos outros, por mais estreito que seja, deixa a cada um a sua personalidade própria —, mas de uma maneira particular e própria somente do Corpo Místico, muito diferente da simples união moral que liga entre si os membros de uma mesma família ou de uma mesma pátria.

Com efeito, no Corpo Místico, ao laço jurídico — e, portanto, de ordem moral — próprio de qualquer corpo social, acrescenta-se, como diz Pio XII, *"outro princípio interno, realmente existente e ativo [...], que é de tal excelência que por si mesmo supera imensamente todos os vínculos de unidade que dão coesão a um corpo físico ou social*. Este princípio [...] não é de ordem natural, mas sobrenatural; antes é em si mesmo *algo de absolutamente infinito e incriado*:

---

6   Sermão 267.

7   *Comentários sobre a Epístola aos Efésios*, 1, 13.

o Espírito Santo de Deus que, segundo o Doutor Angélico, sendo um e único impregna toda a Igreja e é autor da sua unidade".[8]

É precisamente porque este Espírito divino está realmente todo inteiro em toda a Igreja e todo inteiro em cada um daqueles que a compõem como membros vivos — até certo ponto, tal como a alma humana está toda inteira em todo o corpo humano e toda inteira em cada uma das suas partes —, é precisamente por isso que Santo Agostinho e, depois dele, os papas Leão XIII e Pio XII chamaram ao Espírito Santo a "alma do Corpo Místico".

Esta é a sublime realidade em que, infelizmente, pensamos tão pouco. O Espírito Santo, que desde toda a eternidade une de maneira inefável o Pai e o Filho no seio da Santíssima Trindade, é o mesmo que se digna residir em cada um de nós: *Não sabeis que sois templo de Deus e que o Espírito de Deus habita em vós?*, diz-nos São Paulo (1 Cor 3, 16). E não reside apenas na nossa alma, mas até no nosso corpo: *Ou não sabeis que o vosso corpo é templo do Espírito Santo, que está em vós?* (1 Cor 6, 19).

Por Ele é que podemos viver da própria vida de Cristo Nosso Senhor, em união com a Bem-aventurada Virgem Maria, com todos os anjos e todas as almas do Céu, do Purgatório e da Terra, e podemos amar o Pai com o mesmo amor filial com que Cristo o ama, e assim possuir desde já, em substância, toda a felicidade do Céu.

---

8   Pio XII, Enc. *Mystici Corporis*, n. 64. A citação de São Tomás é do *Sobre a verdade*, q. 29, a. 4, e. Grifo nosso.

O papel do Espírito Santo na Igreja

"Se Cristo é a cabeça da Igreja, o Espírito Santo é a sua alma". Estas palavras de Leão XIII, repetidas por Pio XII na sua encíclica sobre o Corpo Místico, refletem aquelas outras de Santo Agostinho que citamos acima: "O que a alma é para o corpo do homem, o Espírito Santo o é para o Corpo de Jesus Cristo, que é a Igreja. O Espírito Santo realiza na Igreja aquilo que a alma realiza nos membros do corpo" que ela anima.

O Espírito Santo é, pois, com toda a verdade, o laço substancial e divino que nos une a Cristo e em Cristo e faz com que sejamos realmente um só em Cristo, com uma união análoga àquela que une Cristo ao seu Pai. Este é o sentido da oração que Jesus dirigiu por nós a seu Pai na tarde da Quinta-feira Santa: *Que todos sejam um como Tu, Pai, em mim e Eu em Ti, que também eles estejam em Nós e o mundo creia que Tu me enviaste. Dei-lhes a glória que Tu me deste, para que sejam um como Nós somos Um* (Jo 17, 21-22).

Que verdade sublime, consoladora e fecunda! Bem merece que nos detenhamos a meditá-la à luz dos ensinamentos que nos oferece o mesmo Espírito Santo pela pena de São Paulo Apóstolo.

A nossa alma, por estar toda inteira presente em todo o corpo e toda inteira em cada parte — uma vez que, sendo simples e espiritual como os espíritos puros e como Deus, também está, tal como eles, toda inteira lá onde se encontra —, é antes de tudo o *princípio da unidade e da coesão* que faz com que

O ESPÍRITO SANTO NA IGREJA

os nossos membros e órgãos, embora múltiplos e diversos, constituam um só e mesmo corpo, inteiramente informado por ela.

Este é o primeiro papel que a alma desempenha no nosso corpo, e é o que distingue um homem vivo de um cadáver, que não possui mais unidade do que um simples agregado ou um amontoado de corpos desprovidos de qualquer relação uns com os outros.

É também a alma que *especifica o corpo e faz com que seja este corpo e não outro*, que seja sensível e não apenas vegetativo, ou que seja homem e não animal irracional. Todos os corpos, tanto os vivos como os minerais, estão constituídos por um elemento comum que os assemelha entre si (a matéria) e de um elemento próprio de cada espécie que os torna diferentes uns dos outros, e é a este elemento próprio que, nos seres vivos, damos o nome de "alma".

Outro papel desempenhado pela alma no corpo que ela anima é *presidir à sua formação e organizá-lo*, imprimindo nele a configuração que a natureza humana exige e tornando-o apto a realizar as diversas operações necessárias ou úteis para a sua conservação e para o seu desenvolvimento, até que chegue ao estado de homem completamente formado.

Por fim, a alma é também no nosso corpo o *primeiro princípio de todas as operações*. É ela que, de forma imediata ou por intermédio das partes mais nobres, por exemplo o cérebro, move o corpo e dirige a atividade dos seus membros para o bem do corpo inteiro.

Esse é, em linhas gerais, o papel da alma no corpo humano. Vejamos agora qual é o do Espírito Santo no Corpo Místico de Cristo.

Tal como a alma está toda inteira em todo o corpo e toda inteira em cada uma das suas partes, constituindo assim o princípio de unidade das diversas partes do corpo que anima, assim também ocorre com o Espírito Santo no que diz respeito ao Corpo Místico de Cristo. Voltemos a considerar o que dizia Pio XII a este respeito: "É ao Espírito de Cristo como princípio invisível que devemos atribuir a união que reina entre todas as partes do Corpo, tanto das partes entre si como delas com a sua nobre Cabeça, uma vez que o Espírito está presente todo inteiro na Cabeça, todo inteiro no Corpo, todo inteiro em cada um dos membros".

Com efeito, o Espírito Santo reside na Cabeça, que é Cristo, o Verbo de Deus encarnado. São Paulo chamalhe por isso *Espírito de Cristo* (Rm 8, 9), *Espírito de Jesus Cristo* (Fl 1, 19), *Espírito do Filho* (Gl 4, 6). Mas habita igualmente em cada membro do Corpo Místico. *Não recebemos o espírito do mundo* — escreve o Apóstolo —, *mas o Espírito que procede de Deus* (1 Cor 2, 12). E, em outra passagem: *Não sabeis que sois templo de Deus e que o Espírito de Deus habita em vós?* (1 Cor 3, 16). *Ou não sabeis que o vosso corpo é templo do Espírito Santo, que está em vós e que recebestes de Deus?* (1 Cor 6, 19).

Esta presença do Espírito Santo nos fiéis é de tal importância, segundo o Apóstolo, que sem ela não se pode pertencer a Cristo: *Se alguém não possui o Espírito de Cristo, esse não pertence a Cristo* (Rm 8, 9).

Realmente, o Espírito Santo é o princípio da unidade e da coesão que faz com que os membros de Cristo, por mais numerosos que sejam, formem um só Corpo. Escreve ainda o Apóstolo: *Todos fomos batizados num só Espírito com vistas a formar um só Corpo..., e todos bebemos de um só e mesmo Espírito* (1 Cor 12, 13). Se formamos um só Corpo, é precisamente porque não há mais do que um só Espírito a animar esse Corpo: *Um só Corpo e um só Espírito* (Ef 4, 4).

Princípio de coesão do Corpo Místico, o Espírito Santo é também *princípio de especificação*, tal como a alma no corpo, no sentido de que é o Espírito Santo quem faz o Corpo Místico ser o que é, a saber, o Cristo total, o Filho único do Pai em Jesus Cristo, com Ele e por Ele.

Lemos na Epístola aos Romanos: *Não recebestes um espírito de escravidão para recairdes no temor, mas recebestes o Espírito de adoção pelo qual clamamos: "Abba, Pai!" O próprio Espírito dá testemunho ao nosso espírito de que somos filhos de Deus e, sendo filhos, somos também herdeiros; herdeiros de Deus e coerdeiros com Cristo* (Rm 8, 15-17). E na Epístola aos Gálatas: *E por serdes filhos, Deus enviou aos vossos corações o Espírito de seu Filho que clama: "Abba, Pai!" Portanto, já não és escravo, mas filho, e, se és filho, és também herdeiro pela graça de Deus* (Gl 4, 6-7).

É ainda o Espírito Santo quem, tal como a alma num corpo vivo, *preside à formação, ao crescimento e à organização do Corpo Místico. com vistas a formar* um só *Corpo* (1 Cor 12, 13). E já o Senhor tinha dito a Nicodemos: *Quem não voltar a nascer da água e do Espírito Santo não poderá entrar no reino dos céus* (Jo 3, 5).

Além de incorporar em Cristo os diversos membros, o Espírito atribui a cada um a sua função no seu Corpo Místico, que é a Igreja: *A um é dada pelo Espírito a palavra de sabedoria; a outro, a palavra de ciência, segundo o mesmo Espírito; a outro, a fé, no mesmo Espírito; a outro, o dom de curas, no mesmo Espírito; a outro, a capacidade de fazer milagres; a outro, a profecia; a outro, o discernimento dos espíritos [...]. Todas estas coisas são realizadas pelo único e mesmo Espírito, que distribui a cada qual conforme quer* (l Cor 12, 8-11).

Assim, *há diversidade de dons, mas um mesmo é o Espírito [...]. A cada um é concedida a manifestação do Espírito para a utilidade de todos* (1 Cor 12, 4-7), *para a edificação do Corpo de Cristo* (Ef 4, 12). E podemos dizer outro tanto sobre as virtudes sobrenaturais, a começar pela caridade, que resume todas as outras virtudes. *A caridade* — insiste São Paulo — *foi derramada nos nossos corações pelo Espírito Santo que nos foi dado* (Rm 5, 5).

Por fim, tal como a alma é em nós o primeiro princípio de todas as ações que os diversos órgãos do nosso corpo levam a cabo, assim também não pode haver na Igreja, que é o Corpo de Cristo, *nenhuma ação sobrenatural que não se deva atribuir em primeiro lugar ao Espírito Santo.* Sem Ele, não somos capazes sequer de um bom pensamento sobrenatural: *Ninguém* — diz-nos o Apóstolo — *pode dizer: "Senhor Jesus", a não ser no Espírito Santo* (l Cor 12, 3).

O ESPÍRITO SANTO NA IGREJA

É Ele quem ora em nós e por nós, porque — escreve ainda São Paulo — *não sabemos pedir o que nos convém; é o próprio Espírito Santo que intercede por nós com gemidos inenarráveis...* (Rm 8, 26). É também Ele quem, conforme a promessa de Jesus, inspira aos seus Apóstolos o que devem ensinar: *Ele vos ensinará todas as coisas* (Jo 14, 26). Efetivamente, vemos São Paulo atribuir unicamente a Ele todo o êxito do seu apostolado: *Quando fui ter convosco, irmãos, para vos anunciar o testemunho de Cristo, não foi com o prestígio da eloquência ou da sabedoria [...]. A minha palavra e a minha pregação não consistiram em discursos persuasivos de sabedoria humana, mas na manifestação e no poder do Espírito [...]. Ensinamos uma sabedoria divina, envolta em mistério, escondida [...]. Nenhum dos príncipes deste século a conheceu [...]; a nós, porém, Deus a revelou pelo seu Espírito* (1 Cor 2, 1-10). Da mesma forma, na Epístola aos Romanos, o Apóstolo alegra-se com as conversões que Cristo realizou por meio dele entre os pagãos *no poder do Espírito Santo* (cf. Rm 15, 19).

Por tudo isso, a perfeição cristã consiste, segundo diz São Paulo, em deixar-se conduzir pelo Espírito Santo: *Os que são movidos pelo Espírito de Deus, esses são filhos de Deus* (Rm 8, 14).

Como vemos, não é sem razão que o Espírito Santo é chamado a *alma do Corpo de Cristo*, que é a Igreja. Realmente presente em todas as almas que se encontram em estado de graça, Ele é o vínculo invisível mas real que nos une a todos em Cristo e uns aos outros em Cristo. É somente por Ele que

A ação do ESPÍRITO SANTO na alma

somos capazes de levar a cabo seja o que for pela glória de Deus, quer se trate de santificar os outros, quer de nos santificarmos a nós mesmos.

Tabernáculos viventes desse Deus de amor, tomemos consciência da sua divina presença em nós e nos outros, e não nos assemelhemos aos sacrários de metal precioso das nossas igrejas, que ignoram o tesouro inestimável neles encerrado.

Se pudéssemos trazer continuamente sobre o peito a Sagrada Eucaristia, como nos custaria afastar o nosso pensamento da presença do nosso Salvador nesse sacramento de amor! Ora, na realidade trazemos dentro de nós um tesouro que não é menos precioso, na Pessoa adorável do Espírito Santo. Se soubermos pensar nEle com mais frequência e viver na sua intimidade, a nossa vida transformar-se-á. Em breve experimentaremos até que ponto Ele merece o nome de Consolador que Jesus gostava de lhe dar quando falava aos seus discípulos da sua futura vinda.

Espírito Santo, Hóspede bem-amado dos nossos corações, divino Consolador, concedei-me a graça de viver a partir de hoje na vossa santa presença e de saborear cada vez mais a suavidade do vosso Amor. Não permitais que vos contriste resistindo às vossas santas inspirações. Entrego-me a Vós; apoderai-vos de mim por completo, da minha alma, do meu corpo e de todas as minhas faculdades, a fim de que eu passe a atuar unicamente de acordo com o vosso amável beneplácito. Transformai-me cada vez mais em Jesus, a fim de que, nEle e por Ele, eu cumpra sempre a vontade do Pai, para maior glória do seu Nome.

O ESPÍRITO SANTO NA ALMA FIEL

O Espírito Santo é o Espírito do Pai e o Espírito do Filho. É o Amor do Pai pelo Filho e o Amor do Filho pelo Pai.

E como o Pai só nos ama no Filho e pelo Filho (cf. Jo 3, 35), é pelo Espírito Santo que o Pai nos ama com o mesmo Amor substancial com que ama o Filho: "O Pai não ama somente o Filho pelo Espírito Santo, mas também a Si mesmo e a nós".[1] E como o Filho nos ama, tal como se ama a si mesmo, unicamente pelo Pai e com o mesmo amor substancial com que ama o Pai, é pelo Espírito Santo que nos ama: "Tanto o Pai como o Filho amam, pelo Espírito Santo, um ao outro e a todos nós".[2]

Assim, o único Espírito e o único Amor do Pai e do Filho é o Espírito Santo, que é simultaneamente o Espírito do Pai e do Filho.

Tudo isto é belo e sem dúvida desperta admiração. Mas, que diria o leitor se acrescentássemos que Aquele que é Espírito do Pai e do Filho é também, com toda a verdade, o nosso Espírito e, portanto, também o nosso Amor, o Amor pelo qual podemos amar o Pai e o Filho e, no Filho, amar-nos a nós mesmos e a todos os nossos irmãos?

No entanto, é a pura verdade.

---

1   *Suma Teológica*, I, q. 37, a. 37, ad 3.
2   *Suma Teológica*, I, q. 37, a. 37, ad 3.

A ação do ESPÍRITO SANTO na alma

O Espírito Santo é, com toda a verdade, o nosso Espírito, porque, conforme testemunham as Sagradas Escrituras, *nos foi dado.*

O Senhor, dirigindo-se aos Apóstolos na tarde do dia da sua Ressurreição, disse-lhes: *Recebei o Espírito Santo* (Jo 20, 22). Mas foi sobretudo no dia de Pentecostes que o Espírito Santo se entregou aos discípulos de uma forma visível: *E todos foram cheios do Espírito Santo* (At 2, 4).

São numerosos os testemunhos da Escritura que demonstram tratar-se de uma autêntica entrega do Espírito Santo, e não apenas de uma inabitação do Espírito divino na alma santificada.

Aos três mil israelitas que, depois da pregação de Pedro nesse mesmo dia de Pentecostes, se convertem e perguntam o que devem fazer, o Apóstolo responde: *Arrependei-vos e batizai-vos em nome de Jesus Cristo [...], e recebereis o dom do Espírito Santo. Porque esta promessa é para vós e para os vossos filhos, e para todos os que estão longe, para todos quantos o Senhor nosso Deus chamar a si* (At 2, 38).

Da mesma forma, quando os judeus mandam prender os Apóstolos e os censuram por terem desobedecido à proibição de ensinar em nome de Cristo, Pedro e os Apóstolos respondem-lhes com firmeza: *Importa mais obedecer a Deus do que aos homens. O Deus dos nossos pais ressuscitou Jesus, a quem matastes suspendendo-o no madeiro. Pois foi a Ele que Deus elevou à sua direita, como Chefe e Salvador, a fim de conceder a Israel o arrependimento e a remissão dos pecados. Nós somos testemunhas disso, juntamente com o Espírito Santo, que Deus concedeu aos que lhe obedecem* (At 5, 29-32).

O ESPÍRITO SANTO NA ALMA FIEL

Quando Simão o Mago percebe que o Espírito Santo é infundido nos fiéis pela imposição das mãos dos Apóstolos, atreve-se a oferecer dinheiro para gozar também desse mesmo poder: *Vendo Simão que, pela imposição das mãos dos Apóstolos, se comunicava o Espírito Santo, ofereceu-lhes dinheiro* (At 8, 18).

E quando se levanta a dúvida sobre se se deve ou não impor aos pagãos convertidos o jugo da lei mosaica, São Pedro adverte os Apóstolos e os Presbíteros reunidos em Jerusalém de que *Deus, que conhece os corações, testemunhou a favor deles dando-lhes o Espírito Santo tal como a nós*; e manifestou assim de maneira mais do que suficiente que não estabelece distinções entre judeus e pagãos, e que portanto não há razão alguma para impor a Lei[3] aos discípulos que provêm dos gentios (At 15, 8).

Os testemunhos do Apóstolo Paulo não são menos explícitos: *A esperança não nos defrauda* — escreve aos Romanos —, *porque o amor de Deus foi derramado em nossos corações pelo Espírito que nos foi dado* (Rm 5, 5). E também: *Se alguém não possui o Espírito de Cristo, esse não pertence a Cristo* (Rm 8, 9).

Quanto a nós — escreve aos Coríntios —, *não recebemos o espírito do mundo, mas o Espírito que procede de Deus* (1 Cor 2, 12). E, na segunda Epístola que escreve aos mesmos Coríntios, diz-lhes: *Foi Deus quem nos confirmou juntamente convosco em Cristo,*

---

3   Trata-se não dos Dez Mandamentos ou de outros preceitos morais de lei natural contidos na Lei de Moisés e obrigatórios para todo o ser humano, mas dos preceitos cerimoniais e judiciais, como são, por exemplo, as normas relativas aos alimentos puros e impuros e às carnes dos animais imolados nos sacrifícios pagãos. [N. E.]

quem nos ungiu, quem também nos marcou com o seu selo e depositou o Espírito como penhor nos nossos corações (2 Cor 1, 22).

"Depositou como penhor", isto é, como uma garantia, tal como se entrega antecipadamente uma parte da herança ao herdeiro, a título de sinal de que lhe está reservada a posse de todo o resto dos bens: *Fostes marcados com o selo do Espírito Santo que tinha sido prometido* — escreve ainda São Paulo aos Efésios —. *Este é o sinal da nossa herança, enquanto esperamos o completo resgate daqueles que Deus adquiriu para o louvor da sua glória* (Ef 1, 13-14).

O testemunho das Sagradas Escrituras é, portanto, totalmente claro: o Espírito Santo é dado a toda a alma cristã no dia do seu Batismo, conforme ensinam os Príncipes dos Apóstolos, Pedro e Paulo, e é impossível pertencer a Cristo sem possuir o seu Espírito divino.

Ora, São Tomás de Aquino faz notar a respeito deste dom, desta entrega do Espírito Santo: "Uma coisa que é dada a alguém, é-lhe dada precisamente para lhe pertencer, para que possa usá-la e desfrutar dela com liberdade; porque possuir determinada coisa é poder usá-la e desfrutar dela livremente, como bem se quiser".[4] É neste sentido, continua o Doutor Angélico, que o Espírito Santo nos é dado, de forma que pode ser chamado também, com todo o direito, *Espírito do homem* e, portanto, *nosso* Espírito, tal como no Antigo Testamento é chamado *Espírito de Elias* (2 Cr 2, 15) e, pelo próprio Deus, *Espírito de Moisés* (Nm 11, 17).

---

4 *Suma Teológica*, I, q. 38, a. 1.

O ESPÍRITO SANTO NA ALMA FIEL

Fica, pois, firmemente estabelecido que Aquele que desde toda a eternidade é o Espírito comum do Pai e do Filho, e é o próprio Deus, se converteu no tempo, por uma condescendência inaudita de Deus, no nosso Espírito, no Espírito do homem, uma vez que nos foi dado e nos pertence, e que podemos dispor dEle, usá-Lo e desfrutar dEle livremente, como bem quisermos.

Misericórdia inefável! Condescendência que ultrapassa tudo o que o coração humano jamais teria podido imaginar! O Senhor tinha razão ao dizer que seria vantajoso para nós que Ele se fosse, apesar de assim nos vermos privados da sua presença sensível, para que nos fosse concedido o Espírito Santo (cf. Jo 16, 7). Em Cristo, Deus estava presente no meio de nós porque se tinha feito como um de nós, nosso irmão e nosso companheiro de viagem: era o *Emmanuel*, Deus conosco. No Espírito Santo, que Cristo e o seu Pai nos deram, Deus tornou-se *propriedade nossa* e podemos dispor dEle à nossa vontade.

Tesouro sublime, tesouro único, por amor do qual deveríamos estar dispostos a sacrificar tudo. Que importa que nos vejamos privados de todo o resto — das riquezas exteriores, da saúde, dos prazeres deste mundo, e até da nossa boa reputação, dessa estima dos outros homens a que damos tanto valor —, se esse tesouro divino permanecer em nós! Ele é a única riqueza a que o nosso coração se deve apegar apaixonadamente.

São Tomás tem toda a razão ao dizer que o primeiro dom que faz uma pessoa que ama de verdade é o dom de si mesma. Ao dar-nos o seu Espírito divino, é o próprio Deus quem se entrega a nós. Como agradecer tanta bondade?

Amor subsistente, imutável e eterno, que mais poderíeis ter feito para nos convencer do vosso amor infinitamente misericordioso? Como é possível que nos custe tanto crer nesse amor sem limites do vosso Coração paterno por cada um de nós?

Espírito Santo, Espírito de amor e de luz, permiti-nos compreender o tesouro incomparável que trazemos dentro de nós e fazei-nos saber usá-lo como convém, a fim de correspondermos plenamente aos desígnios misericordiosos do Pai para conosco. Abri os olhos da nossa inteligência para que, conhecendo a nossa riqueza divina — que sois Vós mesmo —, e deixando-nos conduzir por Vós, vivamos cada vez mais da mesma vida de Cristo, unicamente para a glória do Pai, e nos preparemos cada vez mais para essa vida maravilhosa que será eternamente nossa na glória do Céu, no seio da Santíssima Trindade.

Segunda parte
Os dons do Espírito Santo

O QUE SÃO OS DONS DO ESPÍRITO SANTO?

O Espírito Santo é nosso: foi-nos dado.

Foi-nos dado para que, por Ele, nos tornemos santos, e para que assim se cumpram perfeitamente em cada um de nós os desígnios amorosos que o Pai tem preparados para nós desde toda a eternidade.

Se sem Ele não podemos nada, absolutamente nada, com Ele podemos tudo; em breve tempo, podemos tornar-nos santos, e grandes santos, como Santa Teresa do Menino Jesus se atrevia a esperar na sua humildade.

Mas como servir-nos desse precioso tesouro?

No dia do nosso Batismo, no mesmo instante em que nos tornamos filhos de Deus Pai em Jesus Cristo pela infusão da graça na nossa alma, passamos a estar dotados e enriquecidos de todo um organismo espiritual. Este organismo está formado pelas *virtudes infusas* e pelos dons do Espírito Santo, que permitem à alma levar a cabo atos sobrenaturais e atingir assim, com muita prontidão, o grau de santidade para o qual Deus, na sua infinita misericórdia, a predestinou desde toda a eternidade.

Convém saber que há uma grande diferença entre as virtudes infusas e os dons do Espírito Santo.

As *virtudes infusas ou sobrenaturais* conferem-nos a capacidade de agir de maneira sobrenatural, isto é, de julgar as coisas à luz da Revelação divina e de agir de acordo com o que a fé nos mostra. Dispõem a nossa inteligência e a nossa vontade para a união com Deus, mas não nos conferem por si mesmas a *facilidade* de pensar e de agir segundo as luzes da fé.

É necessário, pois, que as virtudes infusas se vejam reforçadas por hábitos moralmente bons que, como qualquer outro hábito, só se adquirem por meio dos atos correspondentes, realizados com intensidade e de maneira repetida.

Ora bem, para realizar esses atos precisamos da ajuda das *graças atuais*, que Deus não nega às almas que as pedem com o coração sinceramente desejoso de amá-lo e de servi-lo. E para receber essas graças atuais, sem as quais é impossível levar a cabo o menor ato dotado de valor sobrenatural, são imprescindíveis os dons do Espírito Santo.

Os *dons* do Espírito Santo são disposições ou hábitos sobrenaturais que fazem com que a alma, elevada já à vida sobrenatural pela graça santifican-te, se torne *capaz de receber essas inspirações divinas e esses impulsos do Espírito Santo que são as graças atuais*. Esta é a razão pela qual os dons intervêm necessariamente em todo o ato sobrenatural.

Na alma entregue à ação do Espírito Santo, os dons manifestam-se como instintos sobrenaturais que a conduzem, de maneira eficaz, a pensar, julgar

O QUE SÃO OS DONS DO ESPÍRITO SANTO?

e agir em todas as circunstâncias como o fariam Cristo nosso Senhor ou a sua Santíssima Mãe, se estivessem em nosso lugar. Com efeito, a alma que se deixa conduzir com docilidade pelo Espírito Santo comporta-se em todas as ocasiões como o fariam Jesus ou Maria, isto é, de um modo divino e, por isso mesmo, santo.

Não é questão de longas reflexões nem de raciocínios profundos, que a alma pode muito bem não ser capaz de fazer. Aliás, essa alma ver-se-ia com frequência em grandes apertos se tivesse que explicar, e mais ainda se tivesse que justificar, os motivos que a guiaram nas suas decisões e nas suas ações. Age como que por instinto e com toda a naturalidade, preocupada unicamente com agradar a Deus.[1]

---

1 Convém ter em conta que a atuação dos dons, tal como a da graça em si mesma, não é sensível, isto é, não pode ser apreendida nem pelos sentidos externos nem pelos sentidos internos, nem por aquilo que "sentimos", os sentimentos e emoções. Diz-nos o *Catecismo da Igreja Católica*: "Sendo de ordem sobrenatural, a graça *escapa à nossa experiência* e só pode ser conhecida pela fé. Não podemos, portanto, basear-nos nos nossos sentimentos ou nas nossas obras para daí deduzir que estamos justificados e salvos" (n. 2005).

O vocabulário de alguns grupos protestantes vem tomando corrente o uso da expressão "estado de graça" para designar simplesmente uma grande alegria, mais ou menos duradoura. Ora, semelhante alegria pode provir igualmente — e na prática é o que acontece na maior parte das vezes — de causas que pouco têm a ver com a vida espiritual: um período em que a saúde corporal está melhor do que normalmente, uma satisfação profunda por termos atingido uma meta pela qual ansiávamos muito, a euforia psicológica de participar de um grupo cheio de entusiasmo etc. Portanto, não é um bom sintoma para avaliar a atuação dos dons o fato de que nos sintamos bem ou mal, "inspirados" ou "sem inspiração", alegres ou tristes; podemos por exemplo fazer uma oração profunda sob a ação do dom da piedade, e no entanto sentir-nos mal por algum contratempo orgânico; da mesma forma, pode alguém ter um temperamento normalmente alegre e bem disposto, e no entanto encontrar-se em estado de pecado mortal, morto para Deus e inteiramente despojado do organismo sobrenatural das virtudes e dos dons.

Da mesma forma, a palavra "instinto" poderia induzir-nos em erro se a interpretássemos erradamente. Dizemos normalmente que age "por instinto"

A ação do ESPÍRITO SANTO na alma

Assim como o animal irracional, ao seguir o seu instinto, age sempre espontaneamente de acordo com a sua natureza de animal e, em consequência, de acordo com o plano de Deus, Autor do mundo, assim também a alma, quando se deixa guiar pelo Espírito Santo, age sempre espontaneamente *de acordo com a sua nova natureza, a natureza de filho de Deus.* Na verdade, é o Filho de Deus quem atua nela por meio

---

quem não conhece claramente, de maneira racional, as causas que o levam a agir desta ou daquela forma. Costumamos designar por esta palavra um impulso que não sabemos precisar com certeza ou expressar em palavras. Mas esse impulso pode provir de diversas fontes: pode ser um medo ou um desejo meramente animal, de fonte orgânica, talvez genética; pode provir de um hábito já instalado; ou ainda de uma multidão de causas conhecidas por uma longa experiência, entramadas entre si, mas cuja importância individual somos incapazes de precisar. Portanto, não é qualquer impulso interior vago e difuso para agir de determinada forma que provém do Espírito Santo. Antes de mais nada, é preciso que esse impulso seja nitidamente o de realizar um ato bom, que a nossa consciência — bem formada e bem informada — aprove como estando perfeitamente de acordo com a lei de Deus naquelas circunstâncias concretas.

Mas como discernir então as moções que provêm dos dons daquelas que se originam em outras fontes? Devemos aplicar-lhes o que o *Catecismo* nos recomenda sobre a graça em geral: "Segundo a palavra do Senhor, que diz: *Pelos seus frutos os conhecereis* (Mt 7, 20), a consideração dos benefícios de Deus na nossa vida e na dos santos oferece-nos uma garantia de que a graça está operando em nós e nos incita a uma fé cada vez maior e a uma atitude de *pobreza confiante*. Encontramos uma das mais belas ilustrações desta atitude na resposta de Santa Joana d'Arc a uma pergunta capciosa dos seus juízes eclesiásticos: "Interrogada se sabia se estava na graça de Deus, respondeu: 'Se não estiver, que Deus me queira pôr nela; se estiver, que Deus nela me conserve' (Joana d'Arc, *Proc.*, n. 227)" (n. 2005).

São necessários, via de regra, anos de *oração regular* e de *exames de consciência cotidianos* para atingir um certo grau de conhecimento próprio e "peneirar" com clareza as molas inconscientes da nossa atuação. Será bom lembrar, a este propósito, que a oração não deve converter-se numa espécie de introspecção psicológica, que seria absolutamente ineficaz para reconhecer as moções autenticamente espirituais; deve ser, isso sim, um *diálogo confiado* com Deus, a quem expomos tudo o que nos acontece, por dentro e por fora, e a quem pedimos luzes, orientação e força para cumprir os nossos propósitos de luta. E, sobretudo, o que mais nos auxiliará a discernir a atuação do Espírito divino nas nossas almas será buscar um sacerdote douto, piedoso e culto, que aceite orientar-nos como *diretor espiritual*. [N. E.]

O QUE SÃO OS DONS DO ESPÍRITO SANTO?

do Espírito Divino, e esta alma pode dizer com toda a verdade o que dizia São Paulo: *Já não sou eu que vivo, é Cristo que vive em mim* (Gl 2, 20).

Uma alma assim chegou ao cume da perfeição, unida como está à Cabeça do Cristo Místico, que é o nosso Senhor.

Este é o *elevador divino* de que nos falava Santa Teresa do Menino Jesus, a invenção que, nesta nossa época de avanços tecnológicos, substitui vantajosamente as antigas escadas; é o "pequeno caminho bem direto e bem curto", o "pequeno caminho todo novo" que a Santa de Lisieux nos propõe com as suas palavras e o seu exemplo.

Estudaremos cada um desses dons em particular, um pouco adiante. De momento, contentemo-nos com tomar consciência da imensa vantagem que supõe para nós usarmos desse meio tão precioso para chegar à santidade e animemos a nossa vontade a servir-se dele sem demora.

A condição para avançar por esse caminho — diz-nos a Sagrada Escritura — é ser pequeno, ou, se for o caso, voltar a fazer-se pequeno: *Se alguém é pequeno* — diz a Sabedoria —, *que venha a mim* (Pr 9, 4). E Cristo insiste: *Se não vos fizerdes como crianças, não entrareis no Reino dos céus* (Mt 18, 2), isto é, no caminho que conduz infalivelmente deste mundo à perfeição.

Fazer-se pequeno é fazer-se humilde, verdadeira e voluntariamente humilde, com essa humildade da qual Teresa de Lisieux nos deu um exemplo perfeito. É amar a verdade como ela amou, e por isso alegrar-se de ver a própria miséria e alegrar-se de que os outros também a conheçam.

Feliz a alma que se humilha desta forma! São poucos os que consentem em esvaziar-se assim de si mesmos, mas a esses aplicam-se por inteiro as palavras do Mestre: *Aquele que se humilhar até se fazer como uma destas crianças, esse é o maior no Reino dos céus* (Mt 18, 4).

Espírito de amor, criador e santificador das almas, cuja primeira obra é transformar-nos à semelhança de Jesus, ajudai-me a conformar-me com Jesus, a pensar como Jesus, a falar como Jesus, a amar como Jesus, a sofrer como Jesus, a agir em todos os momentos como Jesus.

Habitai sempre em mim e, pela vossa graça e a vossa operação, sede o realizador dos desígnios de Deus Pai na minha alma. Da mesma forma que governastes a Santíssima Humanidade do Senhor durante a sua permanência sobre a terra, sede também neste mundo o motor da minha vida, a alma da minha alma.

Espírito Santo, Espírito de amor, consagro-me a Vós, ofereço-me a Vós, entrego-me a Vós por intermédio de Maria, vosso Templo, vossa Esposa, Aqueduto das vossas graças.

O DOM DA CIÊNCIA

Entre os dons do Espírito Santo, o da Ciência ocupa o primeiro lugar. É o primeiro, não pela excelência do seu objeto, que são as coisas e os acontecimentos do mundo criado, mas pela sua importância prática na vida espiritual. Com efeito, enquanto uma alma apreciar as coisas desta vida de uma maneira terrena, não poderá viver plenamente a vida de Cristo. Como diz São Paulo, *os que vivem segundo a carne não podem agradar a Deus* (Rm 8, 7).

Por isso mesmo, a primeira exigência que se impõe à alma que busca a santidade é perder a mentalidade mundana, isto é, meramente humana, e substituí-la pela maneira de ver de Deus. Este é o papel do dom da Ciência, quando chega ao seu pleno desenvolvimento. Por meio dele, a alma cristã, como por instinto, julga todas as coisas à luz da fé, como o próprio Deus, e, portanto, como também julgam Nosso Senhor, a Virgem Santíssima e os santos.[1]

---

[1] "À luz do dom da Ciência, o cristão reconhece a brevidade da vida humana sobre a terra, a relativa felicidade que este mundo pode dar, comparada com a que Deus prometeu aos que o amam, a inutilidade de tanto esforço se não se realiza de olhos postos em Deus... Ao recordar-se da vida passada, em que talvez Deus não tenha estado em primeiro lugar, a alma sente uma profunda contrição por tanto mal e por tantas ocasiões perdidas, e nasce nela o desejo de recuperar o tempo malbaratado, sendo mais fiel ao Senhor. Todas as coisas do mundo — deste mundo que amamos e em que nos devemos santificar — aparecem-nos à luz deste dom sob a marca da caducidade, ao mesmo tempo que compreendemos com toda a nitidez o fim sobrenatural do homem e a necessidade de subordinar-lhe todas as realidades terrenas. [...] A fim de nos prepararmos para receber este dom, temos de pedir ao Espírito Santo que nos

A ação do ESPÍRITO SANTO na alma

Esta é a razão pela qual as almas totalmente entregues ao Espírito Santo, sem se terem visto nunca nem combinado previamente seja o que for, costumam estar perfeitamente de acordo quanto à maneira de apreciar os acontecimentos deste mundo, ao passo que os sábios e os teólogos costumam ter opiniões muito divergentes sobre os mesmos acontecimentos.

Feliz a alma que não tem mais juízo próprio, opiniões exclusivamente pessoais, mas que em todas as circunstâncias julga segundo o Espírito divino! Tem a certeza de nunca se enganar.

Os meus pensamentos não são os vossos pensamentos, nem os vossos caminhos são os meus caminhos, diz o Senhor. Tanto quanto os céus estão elevados acima da terra, assim os meus caminhos estão elevados acima dos vossos, e os meus pensamentos acima dos vossos (Is 55, 8).

O mundo só enxerga nos seres que povoam o universo, tanto pessoas como coisas, uns meios de satisfazer a sua insaciável sede de riquezas, de prazer ou de vanglória, e ignora o verdadeiro amor, que consiste no esquecimento de si e na busca do bem da pessoa amada. Deus, que é todo Amor, enxerga nesses seres que são obra da sua onipotência e do seu amor misericordioso outros tantos reflexos e imagens, mais ou menos acabadas, mas autênticas, das suas infinitas perfeições, e os ama a todos com esse mesmo Amor infinito e substancial com que

---

ajude a viver a liberdade e o desprendimento dos bens materiais, bem como a ser mais humildes, para podermos ser ensinados acerca do verdadeiro valor das coisas" (FD 88-III; N. E.).

O DOM DA CIÊNCIA

ama o seu Filho e se ama a si mesmo. Recordemos o que dizia São Tomás de Aquino: "O Pai não ama somente o Filho pelo Espírito Santo, mas também a si mesmo e a nós".[2] E, muito antes dele, o autor do livro da Sabedoria, dirigindo-se a Deus, dizia-lhe: *Vós amais tudo o que existe e não odiais nada do que fizestes, porque se odiásseis alguma coisa não a teríeis criado* (Sb 11, 24).

Assim, os pensamentos de Deus não são senão pensamentos de paz, de amor e de infinita bondade.

A alma repleta do Espírito divino e animada pelo dom da Ciência não tem outro modo de ver as coisas deste mundo senão o que o próprio Deus tem. Em todas as criaturas, ela enxerga como que um reflexo das divinas perfeições e um convite para louvar constantemente o Autor de todos esses bens. Faz seu, de bom grado, o imortal Cântico dos Três Jovens na fornalha ardente: *Obras do Senhor, bendizei todas o Senhor; louvai-o e exaltai-o para sempre* (cf. Dn 3, 52-90).

Foi por estar repleto deste espírito de Ciência que São Francisco de Assis experimentava uma veneração tão grande e uma ternura tão autêntica por todas as obras de Deus. "As criaturas serviam-lhe para compreender o Criador — escreveu um biógrafo do santo —. Quando via a solidez inquebrantável e a resistência dos rochedos, experimentava e reconhecia ao mesmo tempo quanto Deus é forte e como nos oferece um apoio firme. O aspecto de uma flor numa manhã fresca, os filhotes de pássaro que, nos seus

---

2   *Suma Teológica*, 1, q. 37, a. 37, ad 3.

ninhos, abriam os bicos com ingênua confiança, tudo isso revelava-lhe a pureza e a singela beleza de Deus, bem como a ternura infinita do Coração divino de onde brotavam todas essas coisas.

"Este sentimento infundia em Francisco uma espécie de alegria contínua ao contemplar e pensar em Deus, e absorvia-o no desejo incessante de lhe dar graças. Desejava que todos os seres tomassem parte nessa ação de graças, e parecia-lhe que todos, efetivamente, participavam dela com gosto".[3]

Mais próxima de nós no tempo, Santa Teresa do Menino Jesus, digna imitadora do *poverello* de Assis, parece-nos um modelo perfeito de alma entregue ao Espírito de Ciência. Tudo na natureza fala-lhe de Deus, tudo reconduz os seus pensamentos ao seu destino eterno. "Lembro-me" — conta-nos ela, falando da sua infância — "de que contemplava as estrelas com um enlevo inexprimível…" Havia um grupo delas, a constelação de Órion (em que se encontram as "Três Marias"), que gostava especialmente de observar porque lhe lembrava um T:

— Olha, pai — dizia —, o meu nome está escrito no céu!

E, já não querendo olhar para mais nada que estivesse ao nível da terra, mantinha o rosto fixo no céu e não se cansava de contemplar o azul estrelado.

As tempestades, os trovões e os relâmpagos causavam-lhe igual admiração. Não lhe infundiam medo, antes a deixavam maravilhada: "Parecia-me nesses momentos que Deus estava muito perto de

---

3   Johannes Joergensen, *São Francisco de Assis.*

mim". Enlevava-se igualmente com a neve, as flores, os campos de trigo esmaltados de papoulas, de esporinhas e de margaridas, os horizontes distantes, os espaços abertos, as árvores altas: "Numa palavra" — escreve —, "toda a natureza me arrebatava e transportava a minha alma para o Céu".

Durante a viagem que fez a Roma, admirou as montanhas majestosas da Suíça, as cascatas, os vales repletos de fetos gigantescos e as turfeiras floridas: "Quanto bem fizeram à minha alma essas belezas da natureza, repartidas assim em profusão!" — escreveu mais tarde —. "Quanto a elevaram até Aquele que se divertiu lançando tais obras-primas sobre uma terra de exílio que não há de durar mais do que um dia!"

Recordemos, a propósito, que foi no livro da natureza que a santa encontrou a solução do difícil problema da predestinação. "Compreendi que todas as flores são belas, e que o brilho da rosa e a brancura do lírio não roubam o perfume da violeta, nem tiram nada à simplicidade encantadora da margarida. Compreendi que, se todas as flores quisessem ser rosas, a natureza perderia os seus encantos de primavera e os campos não estariam esmaltados com tantas flores". E conclui: "Isto é o que sucede no mundo das almas, o jardim do Senhor [...]. Quanto mais as flores se alegram cumprindo a vontade de Deus, mais perfeitas são".[4]

---

4   "O cristão, que deve santificar-se no meio do mundo, tem uma especial necessidade deste dom para encaminhar para Deus as suas atividades temporais, convertendo-as em meio de santidade e apostolado. Mediante esse dom, a mãe de família compreende mais profundamente que a sua tarefa doméstica é caminho que leva a Deus, se a realiza com retidão de intenção e desejos de agradar ao Senhor; assim como o estudante passa a entender que o seu estudo

É também o dom da Ciência que nos permite apreciar como convém os acontecimentos deste mundo e, de forma especial, os que são para nós ocasião de dor e sofrimento.

Aos olhos de Deus, tudo o que acontece contribui para a realização do plano segundo o qual, desde toda a eternidade, Ele livremente dirige todos os seres para o fim próprio de cada um e para o fim geral do universo, que é dar glória ao seu santo Nome, por meio da santificação das almas.

Assim, a alma inteiramente entregue à ação do Espírito de Ciência evita deixar-se levar pela tristeza e pelo desespero, aconteça o que acontecer. Sabe que não se verá defraudada para sempre e que é bom para ela ser provada desta forma, e assim abandona-se sem reservas nas mãos do seu Pai celeste. Não deve o ramo da videira ser podado para dar fruto mais abundante (cf. Jo 15, 1-8)? Não deve a pedra destinada a ornamentar o templo celeste ser polida? Nas provações e nas humilhações, essa alma repete de bom grado com o salmista: *Foi bom para mim ser humilhada por Ti, a fim de aprender os teus decretos* (Sl 118, 71).

Enquanto as pessoas mundanas, indiferentes às ofensas que se cometem contra Deus, temem apenas perder a estima dos homens, a alma repleta do Espírito de Ciência preocupa-se unicamente de evitar a

---

é o meio habitual de que dispõe para amar a Deus, desenvolver a sua ação apostólica e servir a sociedade; e o arquiteto encara da mesma maneira os seus projetos; e a enfermeira, o cuidado dos seus doentes etc. Compreende-se então por que devemos amar o mundo e as realidades temporais, e como 'há algo de santo, divino, escondido nas situações mais comuns, que cabe a cada um de vós descobrir' (Josemaria Escrivá, *Amar o mundo apaixonadamente*, *in Questões atuais do cristianismo*, 3ª ed., Quadrante, São Paulo, 1986, n. 114)" (FD 88-II; N. E.).

O DOM DA CIÊNCIA

menor ofensa a Deus e alegra-se ao sofrer uma humilhação, pois sabe que nisso reside o caminho mais curto e mais seguro para chegar ao desprendimento e amor perfeitos.

Referindo-se às numerosas denúncias que certas pessoas mal-intencionadas apresentaram contra ela junto da Santa Sé, Santa Teresa de Ávila escrevia ao seu diretor espiritual: "Dou-vos a minha palavra, meu padre, de que, quantas vezes tomo conhecimento de que alguém falou desfavoravelmente de mim, outras tantas me ponho a pedir a Deus por essa pessoa, suplicando-lhe que afaste o coração, a boca e as mãos dela de toda a ofensa a Ele. Pois não a considero alguém que me queira mal, e sim um ministro de Deus nosso Senhor, escolhido pelo Espírito Santo como mensageiro para me fazer bem e me ajudar a alcançar a salvação. Acredite-me, a melhor arma e a mais forte para conquistar o céu é a paciência. É ela que toma o homem dono e mestre da sua própria alma, como disse o Senhor aos seus Apóstolos".

Quando lhe lembraram uma acusação particularmente ignominiosa feita contra ela em Roma, respondeu sorrindo: "Eu teria feito mil vezes pior se o Senhor não me tivesse segurado pela mão. O que se deve temer nisto, e o que é mais lastimoso, é o dano que causa à sua alma quem afirma essas coisas. Quanto àquele que é acusado falsamente, não lhe fazem outro dano senão proporcionar-lhe uma ocasião de merecer".

Todos os santos souberam apreciar desta forma o sofrimento e, de modo especial, a humilhação. "Agradeço-vos, meu Deus, por todas as graças que me tendes concedido" — dizia Santa Teresa do Menino Jesus —, "e especialmente porque me fizestes passar pelo crivo do sofrimento". E, recordando os três anos de martírio do seu pai,[5] escreve, dirigindo-se à sua irmã que, na ocasião, era a superiora: "Não os trocaria pelos êxtases mais sublimes, e o meu coração, diante deste tesouro inestimável, brada em reconhecimento: 'Sede bendito, meu Deus, por estes anos de graças que passamos no meio dos sofrimentos!' Minha querida Madre, como foi preciosa e doce essa nossa amarga cruz, uma vez que dos nossos corações não brotaram senão suspiros de amor e de agradecimento! Já não andávamos: corríamos, voávamos pelos caminhos da perfeição".

Estas são as maravilhas que o dom da Ciência realiza na alma fiel. Graças a esse dom, a alma encontra em tudo o que há na natureza uma ocasião de louvar a Deus e dar-lhe graças continuamente, ao passo que, para a alma escravizada pelo pecado, tudo — mesmo as coisas mais santas — se torna ocasião de tentações e de quedas. Quanta razão tinha São Paulo ao escrever: *Tudo é puro para os puros, e, pelo contrário, nada é puro para os corações manchados e infiéis!* (Tt 1, 15).

Por isso, a alma que aspira a deixar-se conduzir em todas as coisas pelo Espírito de Ciência deve, antes de mais nada, esforçar-se por atingir uma perfeita pureza de intenção e uma grande delicadeza de consciência, fugindo como da peste de todas as

---

5   O pai de Teresa, São Louis Martin, passou três anos internado num hospital de Caen, num estado de alienação mental causado pela arteriosclerose, antes de morrer em 1893. [N. E.]

O DOM DA CIÊNCIA

faltas plenamente deliberadas, ainda que se trate de matéria praticamente desprovida de importância; e, em sentido contrário, deve esforçar-se — sem angústias — por ser perfeitamente fiel até nos menores detalhes. Foi graças a essa fidelidade nas coisas pequenas que Santa Teresa do Menino Jesus alcançou em tão pouco tempo uma sabedoria tão elevada e uma santidade tão perfeita.[6]

Com efeito, a menor infidelidade, se for habitual e plenamente consentida, tem por efeito inevitável endurecer o coração e obscurecer a inteligência, falseando em consequência os juízos; e constitui ao mesmo tempo um obstáculo para a ação do Espírito Santo nas nossas almas. *Guardai-vos de contrariar o Espírito Santo* (Ef 4, 30), diz-nos São Paulo. Não basta retê-lo na nossa alma evitando o pecado mortal; é preciso também ter muito cuidado para não contrariar a sua ação, aplicando-nos a excluir todas as imperfeições voluntárias. É somente a este preço que Ele atuará plenamente em nós, conforme o seu ardente desejo, que é também o desejo mais caro a Jesus Cristo e ao Pai.

---

6   "Mediante o dom da Ciência, o cristão dócil ao Espírito Santo sabe discernir com perfeita clareza o que o conduz a Deus e o que o separa dEle. E isto no ambiente, nas modas, na arte, nas ideologias... Verdadeiramente, esse cristão pode dizer: *O Senhor guia o justo por caminhos retos e comunica-lhe a ciência das coisas santas* (Sb 10, 10). O Paráclito previne-nos também quando as coisas boas e retas em si mesmas se podem converter em nocivas porque nos afastam do nosso fim sobrenatural: por um desejo desordenado de posse, por um apego do coração que não o deixa livre para Deus etc. [...].

"Amamos as coisas da terra, mas passamos a avaliá-las no seu justo valor, no valor que têm para Deus. E assim passamos a dar uma importância capital a esse sermos templos do Espírito Santo, porque 'se Deus mora na nossa alma, todo o resto, por mais importante que pareça, é acidental, transitório. Em contrapartida, nós, em Deus, somos o permanente' (Josemaria Escrivá, *Amigos de Deus*, Quadrante, São Paulo, 1979, n. 92)" (FD 88-II; N. E.).

A ação do ESPÍRITO SANTO na alma

Espírito Santo, concedei-nos a graça de julgar todas as coisas da terra não à maneira dos homens, mas à maneira de Deus, à luz da eternidade. Concedei-nos essa sabedoria divina que é loucura aos olhos dos homens, e fazei-nos desprezar a sabedoria deste mundo que é loucura aos vossos olhos divinos. Não permitais que os nossos corações se apeguem ao que é passageiro, nem às riquezas da terra, nem aos prazeres, nem à nossa vontade própria. Preocupados unicamente em agradar ao nosso Pai celeste, fazei-nos agir em todas as circunstâncias segundo as vossas divinas inspirações e para a maior glória de Deus, como fizeram Jesus e Maria.

O DOM DO CONSELHO

Conta-se nas biografias de São João Maria Vianney, o santo Cura d'Ars, que certo sacerdote da diocese vizinha de Autun teve de ocupar-se de um caso de consciência particularmente espinhoso. Depois de refletir demoradamente e de pedir conselho a diversas pessoas sem encontrar solução, dirigiu-se a Ars para solicitar a opinião do santo pároco.

"Foi como se uma nuvem se tivesse dissipado de repente", declararia mais tarde. O pe. Vianney não lhe disse senão uma única palavra, mas essa palavra, simples e decisiva, ninguém a conseguira encontrar até então; não constava de nenhum dos tratados de teologia moral que esse sacerdote havia consultado, e no entanto respondia a todas as suas perplexidades; lançava uma claridade tão viva sobre o ponto mais obscuro da questão que não pôde deixar de dizer consigo mesmo: "Este homem tem de ter alguém que o aconselha, *alguém que lhe 'sopra' as respostas...*"

Dirigiu-se então ao Cura d'Ars e perguntou-lhe: "Onde estudou teologia, sr. pároco?" O pe. Vianney, em resposta, limitou-se a apontar-lhe o seu genuflexório...

"Há alguém que lhe 'sopra' as respostas": não saberíamos exprimi-lo melhor. Sim, o Cura d'Ars tinha quem lhe "soprasse" as respostas certas, e esse "soprador", por sinal infalível, era o próprio Espírito Santo.

A ação do ESPÍRITO SANTO na alma

Os biógrafos do pe. Vianney, procurando explicar a admirável capacidade de discernimento do venerável pároco, assinalam com justeza que a sua visão certeira, o seu golpe de vista extremamente rápido e o seu juízo reto não se explicavam por uma especial perspicácia natural, pelas qualidades adquiridas nos primeiros anos de formação nem pelos seus estudos e longas reflexões: "Antes parecia haver no espírito desse humilde sacerdote um critério latente e infalível, uma chave que lhe permitia abrir as portas mais secretas e mais bem guardadas do coração, um fio que o ajudava a orientar-se no labirinto das consciências, ou um diapasão que vibrava em uníssono com tudo o que era reto e justo, mas que emitia um som destoante diante de tudo o que era mau e injusto".[1]

Esta última comparação é a que nos parece exprimir melhor essa espécie de intuição pela qual a alma entregue à ação do dom de Conselho discerne, de imediato e como por instinto, o que deve fazer ou dizer em qualquer circunstância. *Quando vos levarem às sinagogas, perante os magistrados e as autoridades, não vos preocupeis com o que haveis de dizer nem como deveis falar, porque o Espírito Santo vos ensinará no momento propício o que haveis de dizer* (Lc 12, 11-12).

O dom do Conselho está para o dom da Ciência, de que falamos acima, como a arte de curar enfermos está para a ciência teórica da Medicina; ou, se preferirmos, como a arte de resolver um caso de consciência

---

1   Francis Trochu, *O cura d'Ars.*

O DOM DO CONSELHO

concreto está para a ciência moral, que se limita a ensinar os princípios gerais que se devem aplicar.

Pelo dom da Ciência, a alma inteiramente entregue à ação do Espírito divino adquire uma maneira de apreciar as coisas e os acontecimentos deste mundo que lhe permite julgar de tudo, com espontaneidade e quase que com naturalidade, à maneira do próprio Deus. Mas esse dom só nos confere uma apreciação geral das coisas deste mundo, sem nos mostrar o que convém fazer ou evitar em cada caso particular, tendo em conta todas as circunstâncias que poderiam modificar a bondade ou a maldade dos nossos atos humanos. Aperfeiçoa em nós a virtude da fé, na medida em que esta diz respeito às coisas desta vida.

O dom do Conselho, em contrapartida, tem por finalidade aperfeiçoar em nós a virtude infusa da *prudência*, fazendo com que a alma que age sob o efeito deste dom consiga discernir de imediato e como que por instinto o que deve fazer ou deixar de fazer, tanto no que diz respeito à sua própria conduta como à do próximo.[2]

Este golpe de vista *nítido* e *preciso* do que convém fazer ou evitar em concreto, dadas determinadas circunstâncias, não é resultado do estudo nem da

---

2 "O dom de Conselho exige que nos tenhamos esforçado previamente por agir com prudência: que tenhamos colhido os dados necessários, previsto as possíveis consequências das nossas ações, recordado as experiências de casos análogos, pedido o conselho oportuno quando o caso o tenha requerido... É a prudência natural, que depois vem a ser esclarecida pela graça. É sobre ela que atua este dom, tornando mais rápida e segura a escolha dos meios, mais adequada a resposta, mais claro o caminho que devemos seguir. E isso, mesmo nos casos em que não é possível adiar a decisão, porque as circunstâncias exigem uma resposta firme e imediata, como a que o Senhor deu aos fariseus que lhe perguntavam com má-fé se era lícito ou não pagar o tributo a César (cf. Mt 22, 21-22)" (FD 90-II; N. E.).

A ação do ESPÍRITO SANTO na alma

reflexão, mas é antes uma espécie de intuição devida a esse "instinto sobrenatural" que é o dom de Conselho. Por isso, não é raro que os que se beneficiam da sua ação se vejam inteiramente incapazes de explicar as razões da sua maneira de ver, embora tenham plena certeza de estarem na verdade.

O dom do Conselho é especialmente necessário aos diretores espirituais e a todos aqueles que exercem alguma autoridade sobre o próximo, mas nem por isso deixa de ser benéfico para toda a alma que deseja corresponder plenamente aos misericordiosos desígnios que Deus tem para ela, e assim chegar à santidade já neste mundo.[3]

Dentre os santos da nossa época em que este dom brilhou com uma luz mais viva, gostaríamos de mencionar aqui, além do santo Cura d'Ars, a jovem carmelita Santa Teresa do Menino Jesus. Consciente como estava da sua incapacidade de criança pequena

---

3   "O primeiro campo em que este dom exerce a sua ação é o da vida interior de cada um. Na alma em graça, o Paráclito atua de uma maneira silenciosa, suave e ao mesmo tempo forte. 'Este sapientíssimo Mestre é tão hábil em ensinar que vê-lo agir é o que há de mais admirável. Tudo é doçura, tudo é carinho, tudo bondade, tudo prudência, tudo discernimento' (Francisca Javiera del Valle, *Decenário do Espírito Santo*, Diel, Lisboa, 1998, 7º dia, *Consideração*). Desses 'ensinamentos' e dessa luz na alma procedem os impulsos que se traduzem em apelos para sermos melhores, para correspondermos mais e melhor; daí surgem as resoluções firmes, como que instintivas, que mudam uma vida ou são a origem de uma melhora eficaz nas relações com Deus, no trabalho, na atuação concreta de cada dia [...].
    "O dom do Conselho também é necessário para a vida diária, tanto para os nossos assuntos pessoais como para podermos aconselhar os nossos amigos na sua vida espiritual e humana. É um dom que corresponde à bem-aventurança dos misericordiosos, 'pois é necessário sermos misericordiosos para saber dar prudentemente um conselho salutar aos que dele carecem; um conselho proveitoso que, longe de desanimá-los, os estimule com força e suavidade ao mesmo tempo' (cf. São Tomás de Aquino, *Suma Teológica*, 2-2, q. 52, a. 4; R. Garrigou-Lagrange, *Las tres edades de la vida interior*, 7ª ed., Palabra, Madri, 1995, p. 637)" (FD 90-I e III; N. E.).

O DOM DO CONSELHO

diante de Deus, ela esperava tudo do Espírito Santo. "Pude observar diversas vezes" — escrevia —, "que Jesus não quer que eu armazene provisões. Alimenta-me a cada instante com um alimento novo, que vou encontrando dentro de mim sem saber como chegou ali. Muito simplesmente, creio que é o próprio Jesus, escondido no fundo do meu pobre coração, quem atua em mim de maneira misteriosa e me inspira a cada momento o que deseja que eu faça".

Por isso, já desde os começos da sua vida religiosa demonstrou possuir uma prudência consumada, que as suas superioras e as suas irmãs de religião reconheciam unanimemente. A Madre Maria de Gonzaga escrevia a seu respeito: "Jamais poderia acreditar que uma menina de 15 anos tivesse um critério tão amadurecido; desde os primeiros tempos do seu noviciado, não havia nenhum reparo a fazer-lhe, tudo era perfeito".

Sob o influxo deste dom, a santa, nomeada mestra de noviças, aconselhava a uma delas que imitasse, no seu empenho por alcançar a santidade, a constância de uma criança pequena. Esta, embora se veja incapaz de subir sequer o primeiro degrau da escada que a separa da sua mãe, não abandona os seus esforços, por mais inúteis que sejam, nem cessa de erguer o pezinho, até que a mãe venha tomá-la nos braços e levá-la ao topo, lá aonde queria chegar.

Foi também o Espírito Santo quem lhe ensinou esse "pequeno caminho", novo e maravilhoso, que havia de atrair tantos milhares de almas em seu seguimento. E foi também Ele quem lhe conferiu essa maneira delicada de recordar às noviças a virtude da humildade e o desprendimento do juízo próprio: "Andais enganadas quando criticais isto ou aquilo... Se queremos ser crianças pequenas, pensemos que os pequeninos não sabem o que é melhor; para eles, tudo está ótimo".

Durante a sua última doença, aproximavam-se dela, para lhe pedir conselhos, não somente as noviças, mas também as irmãs de mais idade, e todas se retiravam apaziguadas e reconfortadas.

Felizes as almas que se deixam guiar desta forma pelo divino Diretor de almas! Talvez ainda sejam relativamente poucas; no entanto, todas receberam este dom divino no seu Batismo, e não há nada que o Espírito Santo deseje com tanta intensidade como vê-lo desenvolver-se nelas. Mas temos de procurar dispor-nos, com a ajuda da graça ordinária, para receber estes influxos divinos.

Deus resiste aos soberbos e dá a sua graça aos humildes (1 Pe 5, 5): a melhor maneira de nos dispormos para tirar proveito das inspirações divinas é desconfiarmos do nosso critério e desprender-nos dos nossos pontos de vista. Há almas que julgam de tudo e tudo aprovam ou condenam com uma facilidade e uma pretensão inauditas. Nada escapa ao seu juízo. Os atos do próximo, mesmo dos seus superiores, têm de passar pelo crivo da sua crítica implacável. Parece até que se julgam infalíveis. Como podem, nessas condições, escutar o Espírito de Conselho?

Não julgueis e não sereis julgados (Mt 7, 1), diz-nos o Senhor. Se queremos receber os ensinamentos do

O DOM DO CONSELHO

Espírito Santo, o divino Mestre das almas, tornemo-nos dóceis, simples e bem pequenos, porque "os pequeninos não sabem o que é melhor; para eles, tudo está ótimo"...

A seguir, esforcemo-nos por fazer em cada instante a vontade do nosso Pai celeste, seguindo o exemplo do Senhor. Dizia o rei Davi: *Tornei-me mais sábio do que os anciãos porque guardei os teus mandamentos* (Sl 118, 100).

Em hipótese alguma poderia o Espírito Santo deixar de vir em ajuda das almas de boa vontade, que se humilham perante si mesmas e só têm um único desejo: cumprir a vontade divina, agradar a Jesus em todas as coisas, a exemplo da Santa de Lisieux.[4]

---

4   "Peçamos ao Espírito Santo que nos conceda docilidade às suas inspirações, pois o maior obstáculo para que o dom de Conselho arraigue na nossa alma é o apego ao juízo próprio, o não saber ceder, a falta de humildade e a precipitação no agir. Facilitaremos a ação desse dom se nos acostumarmos a considerar na oração as decisões importantes da nossa vida: 'Não tomes uma decisão sem te deteres a considerar o assunto diante de Deus' (Josemaria Escrivá, *Caminho*, 8ª ed., Quadrante, São Paulo, 1995, n. 266); se procurarmos desapegar-nos do critério próprio: 'Não desaproveites a ocasião de abater o teu próprio juízo', aconselha Mons. Escrivá (*Caminho*, n. 177); se formos completamente sinceros à hora de fazer uma consulta moral em algum assunto que nos afete muito diretamente: por exemplo, em matéria de ética profissional ou em relação ao número de filhos, para avaliar se Deus não nos pede mais generosidade para formarmos uma família numerosa... [...]

"Ser dócil às luzes e moções interiores do Espírito Santo não exclui de modo algum 'a necessidade de consultar os outros e de ouvir humildemente as diretrizes da Igreja. Pelo contrário, os santos sempre se mostraram pressurosos em submeter-se aos seus superiores, convencidos de que a obediência é o caminho real, o mais rápido e seguro, para a santidade mais alta. O próprio Espírito Santo inspira esta filial submissão aos legítimos representantes da Igreja de Cristo: *Quem vos ouve, a mim me ouve; e quem vos rejeita, a mim me rejeita* (Lc 10, 16)' (M. M. Philipon, *Los dones dei Espíritu Santo*, Palabra, Madri, 1983, pp. 273-274). [...] "Se formos humildes, se reconhecermos as nossas limitações, sentiremos a necessidade, em determinadas circunstâncias, de recorrer a um conselheiro. E então não recorreremos a qualquer um, 'mas

A ação do **ESPÍRITO SANTO** na alma

Esforcemo-nos, pois, por viver as virtudes da humildade e da obediência por amor e até nos menores detalhes. Se o fizermos, não há dúvida de que também nós ouviremos a voz do divino Conselheiro das nossas almas e de que Ele nos elevará rapidamente até os cumes da perfeição.

"Espírito Santo, Amor do Pai e do Filho, inspirai-me sempre o que devo pensar, o que devo dizer, como devo dizê-lo, o que devo calar, o que devo escrever, como devo agir, o que devo fazer para procurar a vossa glória, o bem das almas e a minha própria santificação" (Cardeal Verdier).

---

a quem for idôneo e estiver animado dos nossos mesmos desejos sinceros de amar a Deus e de o seguir fielmente. Não basta pedir um parecer; temos que dirigir-nos a quem no-lo possa dar desinteressada e retamente [...]. Na nossa vida encontramos colegas ponderados, que são objetivos, que não se deixam apaixonar, inclinando a balança para o lado que mais lhes convém. Dessas pessoas, quase instintivamente, nós nos fiamos, porque procedem sempre bem, com retidão, sem presunção e sem espalhafato' (Josemaria Escrivá, *Amigos de Deus*, ns. 86 e 88). [...]

"Ensina São Tomás que 'todo o bom conselho sobre a salvação dos homens vem do Espírito Santo' (São Tomás de Aquino, *Sobre o Pai-Nosso*, in *Escritos de catequese*). Os conselhos da direção espiritual — através dos quais o Espírito Santo nos fala tantas vezes e de modo tão claro — devem, pois, ser recebidos com a alegria de quem descobre uma vez mais o caminho, com agradecimento a Deus e a quem faz as suas vezes, e com o propósito eficaz de os pôr em prática" (FD 90-II e III; N. E.).

O DOM DO ENTENDIMENTO

Pelos dons da Ciência e do Conselho, a alma entregue à ação do Espírito Santo julga todas as coisas criadas como o próprio Cristo as julga, isto é, à maneira divina. Isto significa que a virtude da fé, ao menos no que diz respeito às coisas deste mundo, atingiu o seu pleno desenvolvimento, e pressupõe que todas as paixões descontroladas, todos os afetos que não estavam plenamente de acordo com o Coração de Cristo, tenham morrido na alma.

Quando a alma atinge esse estado, tudo o que lhe turvava os olhos do espírito desaparece, e ela encontra-se preparada para se deixar levar pelo Espírito divino de uma maneira ainda mais perfeita. É nesse momento que entram em ação os dons mais nobres do Entendimento e da Sabedoria.

Não devemos confundir o dom do Entendimento com a faculdade natural de conhecer que possui o mesmo nome. Podemos ter um entendimento muito brilhante, e no entanto não possuir o dom do Entendimento, ou pelo menos não deixar que atue em nós. Em contrapartida, não é raro encontrar almas que têm apenas uma inteligência bastante mediana e pouco cultivada, e que no entanto estão maravilhosamente iluminadas por esse dom do Espírito divino.

A ação do **ESPÍRITO SANTO** na alma

O dom do Entendimento é uma disposição sobrenatural do espírito que lhe permite captar e compreender, de maneira extremamente clara e como que por intuição, determinados mistérios da nossa fé, ou mesmo apenas o sentido profundo de determinada passagem da Sagrada Escritura, pronunciada pelo nosso Salvador ou inspirada pelo Espírito Santo. Já conhecíamos esse mistério havia muito tempo, tínhamos ouvido essas palavras da Escritura e até meditado nelas muitas vezes; mas, num dado momento, sacodem o nosso espírito de uma maneira tão nova que nos parece que nunca, até então, tínhamos compreendido a verdade.

Assim, sob a influência do dom do Entendimento, certa alma enxerga tão claramente que Deus é Amor e que não é mais que Amor que, a partir desse momento, já não há nada que a possa fazer duvidar desse Amor infinito e imutável. Tem como que a evidência dessa verdade. Uma luz extremamente viva e deliciosa a penetra e invade por completo, e essa luz vem acompanhada de uma felicidade que não se podia suspeitar que existisse neste mundo.

"O Senhor — escreve Santa Teresa de Ávila — põe no mais íntimo da alma o que deseja que ela entenda [...]. É como se alguém, sem ter aprendido nem trabalhado nada para saber ler, nem mesmo estudado coisa alguma, se visse na posse de toda a ciência, sem saber como e donde lhe veio, pois jamais se esforçou sequer por aprender o abecedário. Esta última comparação parece-me explicar em parte este dom celestial, porque, de um momento para outro, a alma se vê tão instruída no mistério da Santíssima Trindade e em

O DOM DO ENTENDIMENTO

outras coisas muito subidas, que não há teólogo com quem não se atreveria a discutir sobre a verdade dessas grandezas. Ela mesma fica muito espantada".[1]

Sob o ação deste dom, também Santa Teresa do Menino Jesus anotava nos seus escritos autobiográficos, dirigidos à sua priora, esta profissão de fé no Amor de Deus: "Meu Jesus [...], parece-me que não podeis dar a uma alma mais amor do que destes à minha". E, algumas linhas mais adiante: "Não consigo conceber uma intensidade de amor maior do que essa com que quisestes gratificar-me sem nenhum mérito da minha parte". Surpreendida com a ousadia que transparece nestas linhas, que por assim dizer lhe escaparam da pena, sente necessidade de desculpar--se: "Minha Madre, estou assombrada por tudo o que escrevi; não tive esse propósito". Mas não corta uma só palavra, tanta é a exatidão com que essas linhas exprimem o seu pensamento mais íntimo.

Não pensemos, porém, que este dom esteja reservado apenas a determinadas almas. Lembro-me de que, há alguns anos, administrei os últimos sacramentos a uma pobre anciã octogenária, que depois me contou a sua vida. Chegara a conhecer os tempos em que as crianças eram obrigadas a trabalhar nas fábricas desde os sete ou oito anos, e ela própria fora vítima dessa triste situação. Praticamente não pudera frequentar nem a escola nem as aulas de Catecismo. No entanto, tinha luzes de uma clareza pouco comum sobre as verdades da fé e sobre a oração. Explicou-me que um velho oficial do qual tinha sido empregada

---

1   Santa Teresa de Ávila, *Livro da vida*, 27, 7-9.

A ação do ESPÍRITO SANTO na alma

doméstica a havia ensinado a rezar; o Espírito Santo fizera o resto.[2]

Essas luzes da inteligência sempre se fazem acompanhar de uma graça proporcionada na vontade. A alma favorecida com elas sente-se abrasada de amor a Deus e daria de bom grado mil vidas para confessar a sua fé e o seu amor. "Basta uma mercê destas para mudar toda uma alma" — escreve Santa Teresa de Ávila — "e fazê-la amar unicamente Aquele que, sem nenhum esforço da parte dela, a torna capaz de receber tamanhos bens, que lhe comunica segredos tão elevados e a trata com tanta amizade e amor que não se podem descrever".[3]

Sob a ação dessa luz, a alma fica como que fora de si, e pode às vezes permanecer nesse estado durante dias seguidos. Quereria incendiar com o seu amor a terra inteira, e não consegue compreender como é possível que as pessoas busquem a felicidade fora de Deus, tal é a clareza com que enxerga que *tudo é vaidade* (Ecl 1, 2), exceto servir a Deus e amá-lo somente a Ele, sem nenhuma medida.

---

2   "Mediante o dom do Entendimento, o Espírito Santo faz a alma penetrar de muitas maneiras nos mistérios revelados. De uma forma sobrenatural e portanto gratuita, ensina no íntimo do coração o alcance das verdades mais profundas da fé. [...] Leva a captar o sentido mais profundo da Sagrada Escritura, a vida da graça, a presença de Cristo em cada sacramento e, de uma maneira real e substancial, na Sagrada Eucaristia. [...] Confere como que um instinto divino para o que há de sobrenatural no mundo. Ante o olhar daquele que crê, iluminado pelo Espírito, surge um universo totalmente novo. Os mistérios da Santíssima Trindade, da Encarnação, da Redenção, da Igreja, convertem-se em realidades extraordinariamente vivas e atuais, que orientam toda a vida do cristão e influem decisivamente no seu trabalho, na família, nos amigos... Chega-se a ver Deus no meio das tarefas habituais, nos acontecimentos agradáveis ou dolorosos da vida diária" (FD 87-II; N. E.).

3   *Livro da vida*, 27, 9.

O DOM DO ENTENDIMENTO

Evidentemente, não está nas nossas mãos conseguirmos por nós mesmos esses favores. Mas o Espírito Santo não deseja nada mais ardentemente do que dar-no-los, e nós podemos e devemos preparar-nos para isso com a ajuda da sua graça.

Compreenderemos, assim, que a primeira condição necessária para que o dom do Entendimento possa expandir-se nas nossas almas consiste em que, no que está da nossa parte, nos desapeguemos de todas as ações e prazeres culposos. São Paulo escreve: *O homem animal* — isto é, aquele que segue as tendências desordenadas da natureza — *não percebe as coisas do Espírito de Deus; são para ele loucura e não pode entendê-las* (1 Cor 2, 14).

Além disso, devemos estar dispostos a enveredar com generosidade pelo caminho da abnegação e da renúncia total. Devemos estar preparados para aceitar, se for preciso, o "pão cotidiano duro e amargo", e qualquer outra prova que Deus queira enviar-nos a fim de nos conduzir a uma devoção mais espiritual e mais perfeita. Procuraremos conformar-nos em tudo, até nos menores detalhes, com o querer divino, e veremos então como nos invade um imenso desejo de corresponder perfeitamente, *custe o que custar*, aos desígnios que a misericórdia de Deus tem para nós.

Esta fidelidade pressupõe da nossa parte muita humildade, uma grande desconfiança de nós mesmos e uma confiança sem limites na bondade divina: numa palavra, esse espírito de infância espiritual que Santa Teresa de Lisieux nos recordava. *Se não vos fizerdes como crianças* — diz o nosso Salvador —, *não* entrareis no Reino dos céus (Mt 18, 2). Dou-te graças, Pai, Senhor do céu e da terra, porque escondeste estas coisas aos sábios e prudentes e as revelaste aos pequeninos (Lc 10, 21).[4]

Espírito Santo, Espírito de verdade, quero tornar-me inteiramente dócil aos vossos ensinamentos e ser fiel aos menores toques das vossas divinas inspirações.

Sois o Espírito da vida, da força e da luz: sede a minha vida, a minha luz, a minha força.

Falais à alma no silêncio: dai-me o espírito de silêncio e de recolhimento.

Desceis às almas humildes: dai-me o espírito de humildade, ensinai-me a viver do vosso amor, ensinai-me a repartir à minha volta o vosso amor.

---

4   "Para progredir neste caminho de santidade, é necessário fomentar o recolhimento interior, a mortificação dos sentidos internos e externos, a procura diligente da presença de Deus nos acontecimentos e percalços de cada dia. É preciso sobretudo purificar o coração, pois somente os limpos de coração têm capacidade para ver a Deus (cf. Mt 5, 8). A impureza, o apego aos bens terrenos, a facilidade em conceder ao corpo todos os seus caprichos embotam a alma para as coisas de Deus. *O homem não espiritual não percebe as coisas do Espírito de Deus, pois para ele são loucura. Nem as pode compreender, porque é segundo o Espírito que se devem ponderar* (1 Cor 2, 14). Homem espiritual é o cristão que traz o Espírito Santo na sua alma em graça, e tem o pensamento posto em Cristo. A sua vida limpa, sóbria e mortificada é a melhor preparação para ser digna morada do Espírito, que nele habitará com todos os seus dons.

"Quando o Espírito Santo encontra uma alma assim, vai-se apossando dela e conduzindo-a por caminhos de uma oração sempre mais profunda, até que 'as palavras se tomam pobres..., e se dá passagem à intimidade divina, num olhar para Deus sem descanso e sem cansaço. Vivemos então como cativos, como prisioneiros. Enquanto realizamos com a maior perfeição possível, dentro dos nossos erros e limitações, as tarefas próprias da nossa condição e do nosso ofício, a alma anseia por escapar. Vai-se rumo a Deus como o ferro atraído pela força do ímã. Começa-se a amar Jesus de forma mais eficaz, com um doce sobressalto' (Josemaria Escrivá, *Amigos de Deus*, n. 296)" (FD 90-11; N. E.).

O DOM DA SABEDORIA

Dentre os dons do Espírito Santo, o mais nobre, o mais precioso, aquele que devemos desejar com mais intensidade e pedir com mais insistência é, sem sombra de dúvida, o dom da Sabedoria.

As Sagradas Escrituras não poupam os elogios ao falarem da Sabedoria; assim, lemos no livro dos Provérbios: *A Sabedoria vale mais que as pérolas, e joia alguma a pode igualar* (Pr 8, 11). E o autor do livro da Sabedoria diz: *Preferia aos cetros e aos tronos, e considerei a riqueza um nada em comparação com ela* [...]. *Todo o ouro, ao lado dela, não passa de uns grãos de areia, e a prata diante dela não parece mais que lodo. Amei-a mais do que a saúde e a formosura, e alegrei-me mais nela do que na luz do sol, porque a claridade que dela emana nunca se extingue. Com ela, vieram-me todos os bens.* [...] *De todos esses bens alegrei-me, porque é a Sabedoria quem os conduz, embora antes eu ignorasse que fosse ela a sua mãe* [...]. *Ela é para os homens um tesouro inesgotável, e os que a adquirem preparam-se para se tornar amigos de Deus* (Sb 7, 8-14).

Podemos definir o dom da Sabedoria como uma disposição da inteligência que leva a não dar valor nem a saborear nada senão o próprio Deus e aquilo que diz respeito, de alguma forma, à glória do seu Nome.[1]

---

1 São Tomás de Aquino afirma que, etimologicamente, a palavra latina *sapientia*, "sabedoria", vem de *sapida scientia*, "ciência saborosa". O verbo latino *sapere* deu origem, em português, tanto a "saber" como a "saborear".

A ação do ESPÍRITO SANTO na alma

Com efeito, o dom da Sabedoria tem a sua sede na inteligência, não na vontade. O Doutor Angélico diz-nos que o seu objeto é Deus e as coisas divinas, em primeiro lugar e de modo principal, mas que também o são as coisas deste mundo, tanto de ordem prática como de ordem especulativa, na medida em que estão relacionadas com Deus.[2]

A alma que se encontra plenamente sob a ação deste precioso dom não se compraz mais do que em Deus, não encontra gosto senão em Deus e no que serve para a glória de Deus. Tudo o mais — prazeres, honras, riquezas, bens da terra — parece-lhe destituído de valor, e não precisa fazer grandes esforços nem meditar longamente para se convencer de que *tudo*

---

2   "É uma sabedoria que não se aprende nos livros, mas que é comunicada à alma pelo próprio Deus, que ilumina e ao mesmo tempo cumula de amor a mente e o coração, a inteligência e a vontade; é um conhecimento mais íntimo e saboroso de Deus e dos seus mistérios. 'Quando temos na boca uma fruta, apreciamos o seu sabor muito melhor do que se lêssemos as descrições que dela fazem todos os livros de Botânica. Que descrição se pode comparar ao sabor que experimentamos quando provamos uma fruta? Do mesmo modo, quando estamos unidos a Deus e o saboreamos por íntima experiência, isso nos faz conhecer muito melhor as coisas divinas do que todas as descrições que os eruditos e os livros dos homens mais sábios possam fazer' (L. M. Martínez, *El Espíritu Santo*, 6ª ed., Studium, Madri, 1959, p. 201). Este é o conhecimento que se experimenta de modo particular pelo dom da Sabedoria.

"De uma maneira semelhante à de uma mãe que conhece o seu filho pelo amor que lhe tem, assim a alma, mediante a caridade, chega a um conhecimento profundo de Deus que obtém do amor a sua luz e o seu poder de penetração nos mistérios. É um dom do Espírito Santo porque é fruto da caridade infundida por Ele na alma e nasce de uma participação na sua Sabedoria infinita. São Paulo orava pelos primeiros cristãos, para que, *poderosamente robustecidos pelo seu Espírito [...], arraigados e alicerçados na caridade, possais compreender qual a largura e o comprimento, a altura e a profundidade, e conhecer enfim a caridade de Cristo, que desafia todo o conhecimento* (Ef 3, 16-19). É um compreender alicerçado na caridade; é um conhecimento profundo e amoroso. Não podemos aspirar a nenhum conhecimento mais alto de Deus do que este conhecimento saboroso, que enriquece e facilita a nossa oração e toda a nossa vida de serviço a Deus e aos homens por Deus" (FD 89-I; N. E.).

O DOM DA SABEDORIA

é vaidade, exceto amar a Deus e servi-lo unicamente a Ele. Sabe-o como que por evidência.

Aquilo em que toda a gente põe tanto empenho — as festas, os espetáculos artísticos e outras diversões em que predomina a frivolidade —, não passa de uma carga para ela. Pelo contrário, tudo o que Deus quer, ela o ama e a isso se agarra com toda a força da sua vontade, mesmo que em si repugne à sua natureza sensível.

O dom da Sabedoria, como os outros dons e virtudes sobrenaturais, é infundido na alma do batizado juntamente com a graça santificante, e só espera a ocasião propícia para agir em favor da alma que o possui.

Não é raro que se manifeste já nas crianças por um gosto precoce e particularmente vivo por tudo o que diz respeito a Deus e à religião. E não há nisso nada de estranho, já que o Senhor se compraz *em dar a sabedoria aos pequeninos* (Sl 118, 130) e a criança costuma opor menos obstáculos à ação do Espírito Santo do que as pessoas adultas.

Mais tarde, o dom da Sabedoria manifesta-se em algumas almas de uma outra maneira, também sensível. A alma experimenta, por exemplo, uma felicidade indizível ao contemplar o Senhor presente no Sacrário ou exposto sobre o altar no Sacramento do seu Amor. Permanece ali, sem dizer nada ou simplesmente repetindo umas palavras de amor, em profunda contemplação, com os olhos fixos na Hóstia, sem se cansar de olhar para Ele. Tem a impressão de que Jesus lhe entra pelos olhos e chega até o mais íntimo

A ação do ESPÍRITO SANTO na alma

do seu coração, e experimenta um imenso desejo de ser inteiramente invadida por Ele. Como lhe custa, nestes casos, ter de separar-se do seu Mestre, do Bem-amado do seu coração! De bom grado, exclamaria como São Pedro no Tabor: *Senhor, estamos bem aqui; armemos uma tenda...* (cf. Mt 17, 1-8).[3]

No entanto, estas comunicações sensíveis, por mais suaves e proveitosas que possam ser, não são mais do que consequências e manifestações imperfeitas do dom da Sabedoria.

Quando a alma tiver amadurecido nas provações e nas securas interiores, então o dom da Sabedoria

---

3   "O dom da Sabedoria concede-nos uma fé amorosa, penetrante, uma clareza e segurança absolutamente insuspeitadas na compreensão do mistério inabarcável de Deus. Assim, por exemplo, a presença real de Jesus Cristo no Sacrário produz em nós uma felicidade inexplicável por nos acharmos diante de Deus. [...] O normal será, no entanto, que encontremos a Deus na vida diária, sem quaisquer manifestações especiais, mas envolvidos pela íntima certeza de que Ele nos contempla, de que vê as nossas tarefas e nos olha como filhos seus... No meio do nosso trabalho, na família, o Espírito Santo ensina-nos, quando somos fiéis às suas graças, que todas as nossas ocupações são o instrumento normal que Deus põe ao nosso alcance para que possamos amá-lo e servi-lo nesta vida e depois contemplá-lo na eternidade. À medida que vamos purificando o nosso coração, entendemos melhor a verdadeira realidade do mundo, das pessoas (que olhamos e tratamos como filhos de Deus) e dos conhecimentos, participando da própria visão de Deus sobre as coisas criadas, sempre dentro dos limites da nossa condição de criaturas.

   "Esta ação amorosa do Espírito Santo sobre a nossa vida só será possível se cuidarmos com esmero das normas de piedade através das quais nos dedicamos especialmente a Deus: a Santa Missa, os momentos de meditação pessoal, a Visita ao Santíssimo... E isto tanto nos dias normais como naqueles em que temos um trabalho que parece ultrapassar a nossa capacidade de levá-lo adiante; quando a devoção é fácil e simples ou quando chega a aridez; nas viagens, no descanso, na doença... E, juntamente com o cuidado em viver com esmero esses momentos mais intensamente dedicados a Deus, não nos deve faltar o empenho por conseguir que o pano de fundo do nosso dia esteja sempre ocupado pelo Senhor. Presença de Deus alimentada com jaculatórias, ações de graças, pedidos de ajuda, atos de amor e desagravo, pequenos sacrifícios que surgem no nosso trabalho ou que procuramos por nossa conta" (FD 89-III; N. E.).

O DOM DA SABEDORIA

poderá atuar nela de uma maneira muito mais espiritual. Terá, na inteligência, uma visão perfeitamente nítida de que *Deus é tudo e a criatura nada*; e, por conseguinte, terá na vontade uma firme determinação de não viver senão para Deus e de suportar tudo pela sua glória e pela vinda do seu Reino às almas.

"O que esta alma deseja" — escreve Santa Teresa de Ávila — "é consumir-se pelo seu Deus ainda que à custa de grandes sofrimentos. Vive num esquecimento profundo do seu próprio interesse, de tal forma que parece já nem sequer existir. Tudo nela vai para a honra de Deus, para o cumprimento perfeito da sua vontade, para a busca da sua glória".

Mil vezes ditosas as almas que chegam a este ponto de desprendimento e abnegação de si mesmas. Podem dizer como São Paulo: *Vivo, mas não sou eu que vivo, é Cristo que vive em mim, por meio do seu Espírito.*

Espírito de Sabedoria, dignai-vos abrasar o meu coração com o vosso amor e iluminar as trevas do meu espírito com a vossa luz divina. Que eu esteja cada vez mais estreitamente unido por meio de Vós a Jesus Cristo, meu Salvador, tornando-me para Ele como uma "humanidade de acréscimo", e que, seguindo o seu exemplo, eu viva e pense unicamente para a glória do Pai.

Fogo divino, Amor substancial do Pai e do Filho, consumi em mim tudo o que ainda se opõe ao reinado da vossa divina Sabedoria. Que, livre de ilusões e de todo o erro, o meu espírito ponha toda a sua complacência só em Deus, e assim se realizem na minha alma todos os planos da divina misericórdia.

O DOM DA PIEDADE

Vã é a ciência que não conduz ao amor. Porque, na verdade, pouco importa brilhar se o coração e a vontade não estiverem abrasados de amor a Deus.

Esta é a razão pela qual, aos quatro dons do Espírito Santo destinados a iluminar a nossa inteligência, se acrescentam na nossa alma os três dons da Piedade, da Fortaleza e do Temor de Deus, destinados a unir de maneira mais perfeita a nossa vontade a Deus.

Além disso, como vimos, é impossível que a alma seja iluminada pelos dons de ordem intelectual, sobretudo os do Entendimento e da Sabedoria, sem se ver ao mesmo tempo abrasada de amor e grandemente fortalecida no serviço a Deus. Os dons da Piedade e do Temor, afirma São Tomás de Aquino, procedem do dom da Sabedoria e são como que a sua manifestação externa.[1]

É desses dons que informam mais especialmente a vontade que vamos ocupar-nos agora, e em primeiro lugar do dom de Piedade.

O dom de Piedade consiste numa disposição sobrenatural da alma que a inclina, sob a ação do Espírito divino, a comportar-se nas suas relações com Deus como uma criança muito carinhosa se comporta com seu pai, por quem se sabe imensamente amada e querida.

---

1   *Suma Teológica*, 2-2, q. 45, a. 1, ad 3.

O objeto principal do dom da Piedade é, pois, o próprio Deus, menos como Soberano Senhor de todas as coisas do que como Pai infinitamente bom e infinitamente amável. "Do mesmo modo que a virtude da piedade tem como primeiro objeto o pai segundo a natureza — diz o Doutor Angélico —, assim também o dom da Piedade se refere a Deus enquanto Pai".[2]

A alma animada pelo Espírito de Piedade já não teme a Deus como se teme um mestre ou um juiz. Sem dúvida, essa alma conserva ainda um certo temor profundamente filial, do qual falaremos adiante, mas já não tem absolutamente nenhum resquício desse temor servil que nos faz ter medo de alguém que é justo, mas severo. A sua atitude para com Deus é verdadeiramente a da criança pequena diante do pai ou da mãe, dos quais se sabe imensamente amada. Nenhum rasto de temor: ali só há amor.[3]

O objeto secundário do dom de Piedade é tudo o que de alguma forma diz respeito a Deus e, em

---

2 *Suma Teológica*, 1-2, q. 121, a. 1, ad 1.

3 "Esta confiança filial manifesta-se sobretudo na oração que o próprio Espírito Santo suscita em nossos corações. [...] Graças a essas moções, podemos dirigir-nos a Deus no tom adequado, numa oração rica e de matizes tão variados como a vida. Umas vezes, falaremos ao nosso Pai-Deus numa queixa familiar: *Por que escondes o teu rosto?* (cf. Sl 43, 25); outras, exporemos os nossos desejos de maior santidade: *Procuro-te com ardor. A minha alma está sedenta de ti, e a minha carne anela por ti como terra árida e sequiosa, sem água* (Sl 52, 2); ou a nossa união com Ele: *Fora de ti, nada mais me atrai na terra* (Sl 72, 25); ou a esperança incomovível na sua misericórdia: *Tu és o meu Deus e Salvador, em ti espero sempre* (Sl 34, 5). Este afeto filial [...] manifesta-se também nas súplicas que dirigimos ao Senhor, pedindo-lhe as coisas de que precisamos como filhos necessitados, até que no-las conceda. É uma atitude de confiança no poder da oração, que nos faz sentir seguros, firmes, audazes, que afasta a angústia e a inquietação daqueles que somente se apoiam nas suas forças" (FD 91-II; N. E.).

O DOM DA PIEDADE

primeiro lugar, os santos e as coisas santas, pelos quais a alma experimenta um grande respeito e uma profunda veneração sob o efeito desse dom. Tal como uma criança bem nascida está naturalmente inclinada a sentir veneração e afeto por tudo aquilo que o seu pai venera e ama, assim a alma animada pelo Espírito de Piedade se apega espontânea e filialmente a tudo o que sabe ser grato ao coração do seu Pai celeste.[4]

Já no Antigo Testamento encontramos provas irrecusáveis do *amor mais que maternal* (Ecl 4, 11) que Deus tem pelos seus filhos na terra, e que constitui o fundamento e o motivo dessa piedade filial com

---

4   "O dom de Piedade move-nos ao amor filial à nossa Mãe do Céu, a quem procuramos tratar com o mais terno afeto; à devoção aos anjos e santos, especialmente aos que exercem um especial patrocínio sobre nós (cfr. São Tomás de Aquino, *Suma Teológica*, 2-2, q. 121); à oração pelas almas do purgatório, como almas queridas e necessitadas dos nossos sufrágios; ao amor ao Papa, como Pai comum de todos os cristãos...

"A virtude da piedade, que é aperfeiçoada por este dom, move-nos também a prestar honra e reverência a todos os que estão constituídos legitimamente em autoridade, às pessoas mais velhas (como Deus premiará a nossa solicitude para com os idosos!), e em primeiro lugar aos pais. A paternidade humana é uma participação e um reflexo da de Deus, da qual, como diz o Apóstolo, procede toda a paternidade no céu e na terra (Ef 3, 15). "Eles nos deram a vida, e deles se serviu o Altíssimo para nos comunicar a alma e o entendimento. Eles nos instruíram na religião, no relacionamento humano e na vida civil, e nos ensinaram a manter uma conduta íntegra e santa" (*Catecismo Romano*, III, 5, 9).

"O dom de Piedade estende-se aos atos da virtude da religião e ultrapassa-os. Mediante este dom, o Espírito Santo dá vigor e impulso a todas as virtudes que de um modo ou de outro se relacionam com a justiça. A sua ação abarca todas as nossas relações com Deus, com os anjos, com os homens e mesmo com as coisas criadas, "consideradas como bens familiares da Casa de Deus" (cfr. M. M. Philipon, *Los dones del Espíritu Santo*, p. 300): o dom da Piedade anima-nos a tratá-las com respeito pela sua relação com o Criador.

"Movido pelo Espírito Santo, o cristão lê com amor e veneração a Sagrada Escritura, que é como uma carta que seu Pai lhe envia do Céu:

'Nos livros sagrados, o Pai que está nos céus vem amorosamente ao encontro dos seus filhos para conversar com eles' (Conc. Vat. II, Const. *Dei Verbum*, 21). E trata com carinho as coisas santas, sobretudo as que se prendem com o culto divino" (FD 91-III; N. E.).

que a alma fiel lhe corresponde. O Salmista diz-nos: *O Senhor é misericordioso e compassivo, tardo em irar--se e rico em misericórdia* [...]. *Tanto como o Oriente dista do Ocidente, assim Deus afasta de nós as nossas iniquidades. Tal como um pai é benigno para os seus filhos, assim Deus é benigno para quem o teme, porque sabe do que fomos feitos, lembra-se de que não somos mais que pó* (Sl 102, 8. 12-14).

No Profeta Isaías, lemos umas palavras que maravilhavam Santa Teresa do Menino Jesus: *Como uma mãe consola o seu filho, assim os seus filhinhos serão levados ao colo e acariciados sobre o seu regaço* (Is 66, 12). E também: *Pode uma mãe esquecer-se do seu filho?* [...] *Ainda que ela se esquecesse, Eu não me esquecerei de ti* (Is 49, 14-15).

Mas é na Nova Lei, no mistério de Cristo (cf. Ef 3, 4), que nos é revelado este amor excepcional, *imenso* (Ef 2, 4), que ultrapassa tudo o que o homem pode conceber, essa *caridade que supera todo o conhecimento* (Ef 3, 19) com que Deus se dignou amar-nos sem nenhum mérito da nossa parte. *Foi Ele quem nos amou primeiro* (1 Jo 4, 10), *desde toda a eternidade* (Ef 1, 4) e de maneira absolutamente gratuita: *Não é de vós que vem isto, é dom de Deus; não vem das obras para que ninguém se glorie* (Ef 2, 8-9).

Este amor eterno e imutável do Pai por nós levou-o a dar-nos o seu próprio Filho, a fim de que, resgatados pelo preço do seu sangue e feitos um só com Ele pela água e pelo Espírito Santo, sejamos com toda a verdade seus filhos segundo a graça: *Vede que amor teve por nós o Pai* — escreve o Apóstolo João — *ao querer que nos chamássemos seus filhos, e o fôssemos*

O DOM DA PIEDADE

de verdade (1 Jo 3, 1). E São Paulo diz-nos: *Bendito seja Deus, Pai de Nosso Senhor Jesus Cristo [...], que no seu amor nos predestinou para sermos seus filhos adotivos por Jesus Cristo* (Ef 1, 3-5). *Não recebestes um espírito de escravidão para recairdes no temor, mas recebestes o Espírito de adoção pelo qual clamamos: "Abba, Pai!" O próprio Espírito dá testemunho ao nosso espírito de que somos filhos de Deus* (Rm 8, 15-16).

A alma que se abandona à ação do dom de Piedade, esclarecida por estes ensinamentos divinos, só vê em Deus um Pai amoroso de quem se sabe infinitamente querida em Jesus Cristo. Feita, de certo modo, uma só e mesma coisa com o Verbo encarnado, segundo as belas palavras de Santo Agostinho: *"Ipse sumus nos,* somos o próprio Cristo", e transbordante do seu Espírito divino, também ela se reveste espontaneamente dos sentimentos que animam o Coração adorável do Senhor para com o seu Pai, para com a Santíssima Virgem sua Mãe, assim como para com os Anjos e todos os membros do seu Corpo Místico.

Sabendo-se amada sem medida pelo Céu, pelo Purgatório e por todas as almas santas da terra, ela ama com o mesmo amor em Cristo a todos os que estão unidos a Ele pela graça do Espírito Santo, ou têm a possibilidade de vir a está-lo. Assim se desenvolve na alma, pelo dom da Piedade, a caridade perfeita, e se vai preenchendo a necessidade inata que o nosso coração experimenta de amar e de ser amado sem medida.

São maravilhosos os efeitos deste dom precioso na alma do fiel cristão. Já nada a pode perturbar, pois está segura do Amor e da onipotência do seu

A ação do ESPÍRITO SANTO na alma

Pai. Sabe que, no final das contas, tudo o que lhe acontece terminará da maneira que der mais glória a Deus e que, portanto, trouxer mais proveito também a ela. Por isso, o seu coração transborda sempre de agradecimento. Não cessa de repetir: "Obrigado, Pai querido… Não vos desgosteis com o vosso filho. Amo tudo o que fizerdes e sempre o quererei amar. Não se faça a minha vontade, Senhor, mas a vossa. Com Cristo e nEle, quero repetir-vos sempre, desde o fundo do coração e apesar das repugnâncias da minha pobre natureza: Pai bem-amado, que se cumpra plenamente, a qualquer preço, a vossa vontade neste vosso filho".

Tal abandono é acompanhado de uma completa confiança no futuro. Com efeito, que pode temer esta alma? Sabe como seu Pai a ama, e que é sempre fiel, nunca deixando de enviar-lhe, juntamente com as provações a que a sujeita, todas as ajudas necessárias para aceitá-las bem. Por isso, não se preocupa com nada que não seja amar de todo o coração e com todas as suas forças *no momento presente*.

Se o demônio procurar tentá-la a desconfiar de Deus, insinuando que talvez não se encontre em estado de graça e que poderia muito bem encontrar--se um dia entre os condenados do inferno, ela apressa-se a repelir esses pensamentos deprimentes e levanta o coração ao seu Pai celeste, dizendo-lhe com a simplicidade da infância: "Querido Pai, ao menos quero amar-vos com todas as minhas forças neste mundo; e, mesmo que viesse a condenar-me, continuaria ali a amar-vos por toda a eternidade". O seu amor é tão desinteressado e tão puro que,

O DOM DA PIEDADE

por impossível que isso seja, se essa alma soubesse estar destinada ao inferno, nem por isso amaria menos, feliz de poder assim oferecer a seu Pai um amor inteiramente desprovido de qualquer laivo de egoísmo.

É a Piedade, também, que leva a dizer por vezes "mil loucuras" e desejar, nos seus arrebatamentos de amor, como Teresa de Ávila ou a pequena carmelita de Lisieux, ver-se submergida nesse lugar de tormentos e de horror que é o inferno, unicamente para que do fundo desse abismo de iniquidade se eleve eternamente, no meio das blasfêmias, ao menos um ato de puro amor.[5]

Como ama "até à loucura" o seu Pai celestial, ama também tudo o que Ele ama; e como o Pai ama todas as almas com o mesmo amor com que ama o seu Filho único, também a alma sente por elas o mesmo afeto. Que delicadeza demonstra no trato com o próximo! Se alguém das suas relações tiver defeitos, vê nele um membro ferido de Jesus Cristo e duplica de solicitude para com ele, a fim de não agravar o seu mal mas, pelo contrário, de curá-lo tão rapidamente como seja possível.

Como vemos, o dom da Piedade aperfeiçoa na alma fiel a virtude da caridade para com Deus e para com o próximo. E como a perfeição de uma alma

---

5   Não se trata em nenhum desses casos, como é evidente, de desejar a condenação, que equivale à separação eterna de Deus e à impossibilidade de amá-lo; trata-se, sim, de amar a Deus sobre todas as coisas, mesmo na hipótese irreal de a pessoa vir a condenar-se. Um cristão que não estivesse em estado de graça e, portanto, em perigo real e próximo de condenar-se, não poderia ter essa disposição sincera; o que essa resposta generosa faz — mesmo sendo um contrassenso — é desarmar totalmente as armadilhas psicológicas que espreitam uma pessoa tentada a desesperar da misericórdia divina. [N. E.]

depende do grau de caridade que tem, ser-nos-á fácil perceber a inestimável excelência deste dom.[6]

Espírito Santo, Espírito do Filho, que nunca deixastes de animar os corações do Senhor e da sua Santíssima Mãe com o mais puro amor ao Pai enquanto peregrinaram nesta terra, dignai-vos abrasar-me também a mim com esse mesmo amor terno e filial.

Ó Vós, por meio de quem nos é concedida a mercê de chamar a Deus com o doce nome de Pai e de sermos de verdade seus filhos, fazei que nos esforcemos por ser cada vez menos indignos de um Pai tão bom e tão misericordioso, e que, depois de o termos amado com todo o nosso coração neste mundo, possamos continuar por meio de Vós a glorificá-lo por toda a eternidade no seu Filho único.

---

6   "Este dom do Espírito Santo permite que se cumpram os deveres de justiça e os ditames da caridade com presteza e facilidade. Ajuda-nos a ver os demais homens como filhos de Deus, criaturas que têm um valor infinito porque Deus os ama com um amor sem limites e os redimiu com o Sangue do seu Filho derramado na Cruz. Anima-nos a tratar com imenso respeito os que estão ao nosso redor, a compadecer-nos das suas necessidades e a procurar remediá-las; a julgá-los sempre com benignidade, dispostos também a perdoar-lhes facilmente as ofensas que nos façam, pois o perdão generoso e incondicional é um bom distintivo dos filhos de Deus. Mais do que isso, o Espírito Santo faz-nos ver nos outros o próprio Cristo: *Em verdade eu vos declaro: todas as vezes que fizestes isto a um destes meus irmãos mais pequeninos, foi a mim mesmo que o fizestes* (Mt 25, 40)" (FD 91-II; N. E.).

O DOM DA FORTALEZA

Para sermos santos, não nos basta saber o que convém *fazer e o que devemos evitar. É preciso ainda fazer a verdade, como diz São Paulo* (cf. Ef 4, 15), isto é, praticá-la, traduzi-la nos menores detalhes da vida cotidiana. Isto é o que mais custa à nossa natureza decaída. "Vejo o bem, aprovo-o, mas logo a seguir entrego-me ao mal", gemia já o poeta pagão. E São Paulo retoma esse mesmo lamento quando escreve aos Romanos: *Bem sei que não há em mim* [...] *coisa boa. Porque querer o bem está em mim, mas não o fazê--lo. Com efeito, não faço o bem que quero, mas o mal que não quero* [...]. *Infeliz de mim! Quem me livrará deste corpo de morte?* (Rm 7, 18-24).

Reduzidos apenas às forças da nossa natureza ferida pelo pecado original, somos incapazes de perseverar muito tempo no bem. Felizmente, na sua infinita misericórdia, Deus teve piedade da nossa miséria e deu-nos uma parte da sua fortaleza divina em Jesus Cristo, nosso Salvador. Recebereis a virtude do Espírito Santo, disse o Senhor aos seus discípulos no momento de separar-se deles para voltar para o Céu, e sereis as minhas testemunhas [...] até aos confins da terra (At 1, 8). Esta promessa do Salvador cumprir-se-ia uns dias mais tarde, no domingo de Pentecostes. E a segurança conferida por esta força divina arrancava mais tarde ao Apóstolo São Paulo um brado de vitória: *Omnia possum in eo qui me confortat, "tudo posso nAquele que me dá forças"* (Rm 4, 13).

É uma força divina comunicada à alma cristã, desde o instante da sua regeneração espiritual no Batismo, pela *virtude infusa da fortaleza*, como também pelo *dom da Fortaleza*, do qual essa virtude depende no seu exercício.

Na alma totalmente abandonada ao Espírito Santo, o dom da Fortaleza consiste numa disposição sobrenatural que a toma capaz de empreender as ações mais difíceis e suportar as provas mais duras por amor a Deus e pela glória do seu Nome.

Não é que a alma animada pelo Espírito de Fortaleza ponha a sua confiança nos seus próprios esforços. Ninguém tem mais consciência do que ela da sua extrema fragilidade e da sua incapacidade de realizar qualquer bem. Toda a sua confiança está posta em Deus, e esta confiança não tem limites. Sabe que o Senhor gosta de escolher *o que o mundo julga fraco [...], e o que é ignóbil e abjeto aos olhos do mundo, o que não é nada, [...] a fim de que nenhuma carne se glorie diante dEle* (1 Cor 1, 27-29). E sabe também que não pede aos seus filhos mais do que boa vontade, para levar a cabo, neles e por meio deles, maravilhas de graça e de misericórdia.

Nenhuma consideração humana é capaz de deter essa alma no momento em que a glória de Deus está em jogo e ela tem consciência de cumprir a vontade divina. Nada lhe parece impossível porque tudo espera de Deus, e não põe nem uma pisca da sua confiança nos meios humanos de que terá de servir-se. "Os homens travarão a batalha" — respondeu Santa Joana d'Arc a alguns que a acusavam de excessiva temeridade —, "mas será Deus quem dará a *sua* vitória". A confiança não lhe vinha dos seus talentos de guerreira nem da valentia dos seus soldados, mas somente de Deus, que por um só ato da sua vontade pode dispersar os exércitos mais fortes e mais bem treinados e conceder os mais brilhantes êxitos àqueles que o amam.

Tal como a virtude da fortaleza, o dom implica *prontidão de decisão, generosidade no esforço e perseverança apesar das dificuldades*. Mas, no exercício ordinário da virtude, a alma pondera, examina e decide realizar esses atos por tais ou quais motivos bem concretos — por exemplo, a necessidade de desprezar todos os temores vãos, uma vez que os bens eternos são muito superiores a todos os bens deste mundo —, motivos que a sua inteligência examinou e pesou na oração mental. Sob a ação do dom da Fortaleza, em contrapartida, dispõe-se a empreender coisas grandes para a glória de Deus de uma maneira totalmente espontânea e natural, e aceita suportar os mais penosos sofrimentos por amor a Ele. Não procura eximir-se às fadigas ou às críticas, nem teme desgostar os homens, porque já não tem nenhum temor exceto o de desagradar ao seu Pai celeste ou de não lhe dar tanta glória quanta poderia.

A sua confiança nesse Pai infinitamente misericordioso é tão grande que já não se preocupa de antemão com o que pode vir a suceder-lhe, como fazia outrora; contenta-se com receber, instante a instante, com todo o amor do seu coração, as cruzes pequenas ou grandes que esse seu bom Pai considere conveniente enviar-lhe. Com Santa Teresa do Menino Jesus, repete constantemente: "O que Ele faz é o que eu amo".

E assim, que paz saboreia no seu coração!

Não é que não experimente o sofrimento com tanta força como antes. Frequentemente, ocorre até o contrário: "Aumentarei a tua sensibilidade para que possas sofrer mais", dizia o Senhor a Santa Margarida Maria de Alacoque. A alma de que falamos percebe também que a sua sensibilidade cresce e se refina à medida que avança, mas, se por um lado o sofrimento persiste ou aumenta, o amor o transforma e leva a alma não só a aceitá-lo de bom grado, mas até a recebê-lo com toda a prontidão de que é capaz.

O dom da Fortaleza pressupõe que na alma se tenham desenvolvido plenamente as virtudes teologais da fé, da esperança e da caridade, bem como a atuação dos dons de Entendimento, Sabedoria e Piedade. Com efeito, se a alma empreende sem vacilar coisas tão grandes e suporta com amor, e às vezes até com um sorriso, os maiores sofrimentos físicos ou morais, é porque tem uma fé viva e inquebrantável no infinito amor do seu Pai celeste; é porque tem uma confiança sem limites na sua bondade paterna, e porque o ama tanto que quereria sofrer mil vezes mais pela glória do seu Nome.

Foi por estarem animados deste Espírito de Fortaleza que os Apóstolos puderam empreender, logo depois do Pentecostes, e apesar da absoluta falta de

O DOM DA FORTALEZA

meios humanos, a conquista do mundo e a revolução espiritual das nações. Foi este mesmo Espírito quem lhes permitiu enfrentar as ameaças do Sinédrio e responder com firmeza aos juízes que os intimavam a deixar de pregar: *Não podemos deixar de falar do que vimos e ouvimos* (At 4, 20). E foi Ele quem os fez alegrar-se por *terem sido dignos de padecer ultrajes pelo nome de Jesus* (At 5, 41).

Foi também o Espírito de Fortaleza que sustentou até o fim os mártires — tantos homens e mulheres como Estêvão, Lourenço, Cecília ou Inês —, e quem inspirou e apoiou os santos fundadores e reformadores das ordens e congregações religiosas na sua missão, geralmente tão difícil e custosa.

E foi igualmente este mesmo Espírito de Fortaleza quem permitiu à humilde carmelita de Lisieux ser rigorosamente fiel até nas menores coisas, sem jamais resistir deliberadamente ao mais leve toque da graça, e aceitar o sofrimento não apenas com resignação, mas com um sorriso. Referindo-se à graça que lhe foi concedida no Natal de 1886,[1] escreve ela: "Ele [Deus] me tomou forte e corajosa [...], e desde então tenho caminhado de vitória em vitória, começando, por assim dizer, uma carreira de gigante".[2]

---

1 Depois de voltar da Missa de meia-noite, e a propósito de uma minúscula incompreensão familiar motivada pelo cansaço do seu pai, Teresa sentiu-se mudada, "equipada para a guerra" e disposta a todos os combates interiores. Até então, a sua reação natural teria sido sentir-se profundamente abalada, pois era de um temperamento hipersensível. Tinha então apenas 13 anos, e mais tarde consideraria esse acontecimento "a sua conversão". Foi depois disso que tomou a decisão de entrar para o Carmelo. [N. E.]

2 "A tradição da Igreja associa o dom da fortaleza à *fome e sede de justiça* (Mt 5, 6). 'O vivo desejo de servir a Deus apesar de todas as dificuldades é justamente essa fome que o Senhor suscita em nós. Ele a faz nascer e a escuta, conforme

A ação do ESPÍRITO SANTO na alma

Enquanto este dom não tiver começado a fazer sentir os seus efeitos na alma, ela permanece imperfeita, sujeita a todo o tipo de temores vãos. Isto significa que o dom de Fortaleza, imprimindo à virtude a sua perfeição última, é necessário para a santidade perfeita.

É um dom particularmente necessário às "almas pequeninas", que estão, como Teresa de Lisieux, intimamente convencidas da sua completa incapacidade de fazer por si mesmas qualquer coisa de bom. Se as almas naturalmente fortes e generosas podem contar um pouco com as suas próprias forças, que, afinal, receberam de Deus, não sucede o mesmo com essas "almas pequeninas", que têm consciência da sua extrema fraqueza. Como não conseguem encontrar em si mesmas as forças de que precisam, só lhes resta um único caminho para chegarem à santidade: recorrer

---

foi dito a Daniel: *Eu venho para instruir-te, porque és um varão de desejos* (Dn 9, 23)' (R. Garrigou-Lagrange, *Las tres edades de la vida interior*, p. 594). Este dom produz na alma dócil ao Espírito Santo uma ânsia sempre crescente de santidade, que não esmorece perante os obstáculos e dificuldades. São Tomás diz que devemos desejar a santidade com tal ímpeto que 'nunca nos sintamos satisfeitos nesta vida, como nunca se sente satisfeito o avaro' (*Comentário sobre São Mateus*, 5, 2). [...] Como escreveu Teresa de Ávila, 'importa muito, e tudo, uma grande e mui determinada determinação de não parar até chegar à fonte, venha o que vier, suceda o que suceder, custe o que custar, murmure quem murmurar; quer se chegue ao fim, quer se morra no caminho ou não se tenha coragem para os trabalhos que nele se encontrem; ainda que se afunde o mundo' (*Caminho de perfeição*, 21, 2).

Se é verdade que cada cristão deve estar disposto a dar a vida por Cristo, se as circunstâncias o exigirem, "o que o Senhor espera de nós é o heroísmo nas pequenas coisas, no cumprimento diário dos nossos deveres. Todos os dias temos necessidade do dom da fortaleza, porque todos os dias temos necessidade de praticar esta virtude para vencer os caprichos pessoais, o egoísmo e a comodidade. Por outro lado, devemos ser firmes num ambiente que muitas vezes se mostrará contrário à doutrina de Jesus Cristo, a fim de vencermos os respeitos humanos e darmos um testemunho simples mas eloquente do Senhor, como fizeram os Apóstolos" (FD 92-II; N. E.).

O DOM DA FORTALEZA

ao Espírito divino. Incapazes de subirem pelos seus próprios esforços os degraus da escada da perfeição, têm de depositar todas as suas esperanças nos braços de Jesus Cristo, valendo-se desse "elevador divino" que, como vimos, não é senão o Espírito Santo.

Por isso, é da maior importância para todo o cristão dispor-se em tudo o que dele depende para receber a ação do Espírito de Fortaleza. Para tanto, a primeira condição é saber reconhecer humildemente a sua incapacidade e fraqueza, e até alegrar-se com o panorama da sua miséria, como fazia Santa Teresa do Menino Jesus. Assegura-nos ela que, "quanto mais fracos e miseráveis somos, mais bem preparados estamos para as operações desse Amor que consome e transforma". Para isso, porém, é preciso "consentir em permanecer pobre e desprovido de forças", e são poucos os que se resignam a fazê-lo.

A esta humilde aceitação da nossa miséria, esforçar--nos-emos por unir uma confiança sem limites na bondade infinita de Deus para conosco e uma "esperança cega na sua misericórdia". E para que esta confiança não degenere em temeridade, esforçar-nos--emos ao mesmo tempo, tal como essa criancinha de que nos falava Teresa de Lisieux, por aproveitar todas as ocasiões que se nos deparem para exercitar generosamente, na prática, as virtudes da fortaleza e da paciência, aprendendo assim a dominar-nos nas pequenas coisas.[3]

---

3   "Devemos pedir frequentemente o dom da Fortaleza: para vencer a relutância em cumprir os deveres que custam, para enfrentar os obstáculos normais em qualquer existência, para aceitar com paz e serenidade a doença, para perseverar nas tarefas diárias, para dar continuidade à ação apostólica, para encarar os

A ação do ESPÍRITO SANTO na alma

Por fim, não devemos esquecer-nos de recorrer, na medida em que as circunstâncias o permitam, ao "Pão dos fortes", a Sagrada Eucaristia, que é a fonte viva em que os mártires encontraram fortaleza para confessarem Cristo até à última gota do seu sangue.

Espírito Santo, Deus de Luz e Fortaleza, que realizais tudo nas almas, sem o qual somos incapazes até de formular um bom pensamento: Vós, por meio de quem os Apóstolos e os mártires combateram e se sacrificaram por amor a Cristo e para maior glória do Pai, dignai-vos levar a cabo também em nós e por meio de nós

---

contratempos com espírito de fé e bom humor. Devemos pedir este dom para ter essa fortaleza interior que nos ajuda a esquecer-nos de nós mesmos e a estar mais atentos àqueles com quem convivemos, para mortificar o desejo de chamar a atenção, para servir os outros sem que o notem, para vencer a impaciência, para não ficar remoendo os problemas e dificuldades pessoais, para não explodir em queixas perante as contrariedades ou a indisposição física, para mortificar a imaginação afastando os pensamentos inúteis...

"Necessitamos de fortaleza para falar de Deus sem medo, para nos comportarmos sempre de modo cristão, ainda que entremos em choque com um ambiente paganizado, para fazer uma correção fraterna quando for preciso... Precisamos de fortaleza para cumprir em toda a linha os nossos deveres: prestando uma ajuda incondicional aos que dependem de nós, exigindo-lhes ao mesmo tempo, com amável firmeza, o cumprimento das suas responsabilidades... O dom da fortaleza converte-se assim no grande meio contra a tibieza, que conduz ao desleixo e ao aburguesamento.

"Quando se sabe estar bem perto do Senhor, o dom da fortaleza encontra nas dificuldades umas condições excepcionais para crescer e firmar-se. 'As árvores que crescem em lugares sombreados e livres de ventos, enquanto externamente se desenvolvem com aspecto próspero, tomam-se fracas e moles, e facilmente qualquer coisa as fere; mas as árvores que vivem no cume dos montes mais altos, agitadas pelos muitos ventos e constantemente expostas à intempérie e a todas as inclemências, atingidas por fortíssimas tempestades e cobertas por frequentes neves, tomam-se mais robustas que o ferro' (São João Crisóstomo, *Homilia sobre a glória da tribulação*). O Espírito Santo é um Mestre doce e sábio, mas também exigente, porque só dá os seus dons àqueles que estão dispostos a corresponder às suas graças passando pela Cruz" (FD 92-III N. E.).

O DOM DA FORTALEZA

toda a obra da santidade, para que, depois de termos sido nós também testemunhas de Cristo neste mundo, possamos, nEle e por vosso intermédio, dar glória ao Pai para sempre, na feliz eternidade.

O DOM DO TEMOR DE DEUS

À primeira vista, talvez nos sentíssemos tentados a considerar o dom do Temor de Deus como menos perfeito que os outros. Não disse o Apóstolo São João que a *caridade perfeita* — o perfeito amor a Deus — *lança fora o temor* (1 Jo 4, 18)?

Guardemo-nos desse engano. O temor de que fala o Apóstolo amado e que o amor perfeito exclui é o *temor servil*, ou seja, o medo do castigo divino e, em última análise, da condenação eterna; embora seja também uma graça do Espírito Santo, como assinala São Tomás de Aquino,[1] não tem nada em comum com o dom do Temor do qual desejamos falar aqui.

Vejamos, pois, qual é a natureza desse dom, e então entenderemos melhor a importância do papel que desempenha na nossa vida espiritual.

O dom do Temor de Deus, tal como o dom da Piedade, diz-nos o Doutor Angélico, resulta do dom de Sabedoria e é como que a sua manifestação externa.[2]

É uma disposição sobrenatural da alma que a faz experimentar, ao mesmo tempo que sente um imenso respeito pela Majestade divina e uma complacência sem limites na sua bondade de Pai, um vivo horror

---

1 *Suma Teológica*, 2-2, q. 19, a. 9.
2 *Suma Teológica*, 2-2, q. 45, a. 1, ad 3.

por tudo o que poderia ofender, por pouco que fosse, um Pai tão bom, tão misericordioso e tão digno de ser amado.

Santa Teresa de Ávila, falando por experiência, diz-nos que o que predomina na alma animada por este dom "é o temor de ofender a Deus Nosso Senhor, e um desejo ardente de fazer em tudo a sua vontade; continuamente pede-lhe esta graça". Essa alma está disposta a sofrer mil mortes antes que desagradar ao seu Pai celeste, cometendo a menor falta venial deliberada ou até a menor imperfeição voluntária.

Como vemos, o temor que o dom do Temor de Deus suscita na alma que ama é *totalmente filial*; longe de se opor ao amor perfeito, como o temor servil, é um efeito do mais delicado e terno amor. Não nos deve assustar, por isso, ver o Coração de Cristo repleto deste espírito de Temor desde o momento da sua formação no seio puríssimo de Nossa Senhora; com efeito, ao pregar em Nazaré, o Salvador aplica a si mesmo a profecia de Isaías: *E será cheio do Espírito de temor do Senhor* (Is 11, 3).

Foi sob o influxo deste mesmo Espírito de Temor filial que Maria pronunciou o seu *fiat*, *"faça-se"*, no dia da Anunciação, e se submeteu prontamente, com o seu esposo São José, às ordens do Anjo que os mandou tomar o caminho do exílio, e também mais tarde, quando esse Anjo os mandou regressar à Palestina, apesar dos perigos que o Menino podia correr. Aliás, os próprios anjos do Céu "reverenciam tremendo" a Majestade divina, como canta a liturgia no prefácio da Missa.

O DOM DO TEMOR DE DEUS

Este dom do divino Espírito dista muito do temor servil, do medo do castigo e dos juízos divinos que, como diz a Sagrada Escritura, é o início da Sabedoria (Eclo 1, 16). O Temor filial é, antes, a sua verdadeira plenitude e coroação: *O temor do Senhor é a plenitude da Sabedoria* [...], *é a coroa da Sabedoria, dá uma plenitude de paz e de frutos de salvação* (Eclo 1, 20--22). Longe de turvar sequer minimamente a alma, cumula-a de paz.

Não há nada que a alma possa preferir-lhe, precisamente porque implica a caridade perfeita e, portanto, todos os demais dons: *Nada é melhor do que o temor de Deus* (Eclo 23, 37). É como um paraíso de bênçãos, diznos ainda a Escritura (Eclo 40, 28). Podemos, pois, repetir com ela: *Feliz o homem que recebeu o dom do temor de Deus* (Eclo 25, 15).

Existe, no entanto, uma notável diferença entre os efeitos deste precioso dom na santíssima alma de Cristo, tal como nos anjos e nos eleitos, e em nós que ainda caminhamos sobre a terra.

Na santíssima alma do Salvador, na dos anjos e na dos bem-aventurados, que já não precisam temer a possibilidade de ofender a Deus, o dom do Temor inspira um imenso respeito pela divina Majestade, assim como uma vontade firme e um desejo ardente de conformar-se em tudo até com os menores desejos do Pai; vontade e desejo sempre eficazes, que fazem que cada um dos eleitos possa tomar suas as palavras do Senhor na sua passagem pela terra: *Não faço nada por mim mesmo* [...]. *Sempre faço o que é do agrado do Pai* (Jo 8, 28-29).

A ação do **ESPÍRITO SANTO** na alma

Quanto a nós, porém, infelizmente não estamos ainda a salvo do pecado e a nossa fraqueza leva-nos a cair com frequência. *Todos nós ofendemos a Deus em muitas coisas*, diz-nos o Apóstolo São Tiago (Tg 3, 2), inspirado pelo Espírito Santo. Por mais que avancemos no caminho da perfeição, continuamos a ser frágeis e miseráveis e, se Deus não nos sustentasse, voltaríamos a cair em breve no mais profundo abismo.

Até as almas mais santas têm razões para temer qualquer pecado da sua fragilidade. É verdade que esse temor deve ser acompanhado de uma confiança filial na misericórdia de Deus e de uma fé sem limites na fidelidade com que Ele nos ampara. O Deus de toda a graça, que vos chamou a compartilhar da sua glória eterna em Jesus Cristo — escreve São Pedro —, vos aperfeiçoará e firmará, vos fortalecerá e consolidará (1 Pe 5, 10). Devemos, pois, ter a certeza não só de que um dia chegaremos ao Céu, mas de que podemos ser santos já nesta vida. Mas esta certeza deve apoiar-se unicamente na misericórdia divina e não nas nossas próprias forças.

"De uma coisa quero avisar-vos: que nem por terdes tão boa Mãe [Nossa Senhora, padroeira das carmelitas]" — escrevia Santa Teresa de Ávila às suas filhas —, "vos julgueis seguras. Não façais caso das penitências em que viveis, nem vos julgueis seguras por tratardes sempre com Deus e vos exercitardes tão continuamente na oração, nem por estardes tão retiradas das coisas do mundo e porque, segundo credes, já as aborreceis. Tudo isso é bom, mas não basta — como disse — para

O DOM DO TEMOR DE DEUS

deixarmos de temer; e assim meditai este versículo e trazei-o à memória muitas vezes: *Beatus vir qui timet Dominum* ('Feliz o homem que teme o Senhor', Sl 111, 1)".[3]

E referindo-se às almas favorecidas com a oração de recolhimento, recomenda-lhes vivamente que evitem as ocasiões de ofender a Deus. A razão que dá é como segue: "Põe muito mais esforço o demônio em perder uma alma dessas do que põe em muitas a quem o Senhor não faça tais mercês; porque pode fazer grande dano arrastando outras atrás delas [...]; por isso, são muito tentadas e, se se perdem, perdem muito mais do que as outras".

A experiência demonstra até que ponto tem razão a grande Reformadora do Carmelo. O papel do dom do Temor de Deus é, precisamente, precaver a alma contra o perigo dessas quedas, inspirando-lhe uma humilde desconfiança de si própria e inclinando-a para uma delicadeza cada vez mais fina no serviço de Deus e para a fidelidade até nos mais ínfimos pormenores.

Assim exclamava Santa Teresa do Menino Jesus: "Jesus, levai-me convosco, antes que deixar que manche a minha alma cometendo a menor falta voluntária". O amor que essa alma tem por Deus é tão delicado que por nada deste mundo quereria ser-lhe deliberadamente infiel no que quer que seja.

Não precisa de nenhuma ordem formal para obedecer a Deus; um desejo, um sinal lhe bastam, tão grandes são a sua fome e sede de cumprir com

---

3   *Moradas*, III, 1, 4.

prontidão e amor toda a vontade e até o menor desejo do seu Pai celeste.[4]

Feliz a alma que conhece este temor de Deus, esta delicadeza de amor: *Beatus vir qui timet Dominum!* (Sl 111, 1).

Espírito Santo, divino Espírito de luz e de amor, consagro-vos a minha inteligência, o meu coração, a minha vontade e todo o meu ser, pelo tempo e pela eternidade.

Que a minha inteligência seja sempre dócil às vossas inspirações e aos ensinamentos da Santa Igreja Católica, da qual sois o guia infalível; que o meu coração

---

4   "O dom do Temor é a base da humildade, pois dá à alma a consciência da sua fragilidade e da necessidade de manter a vontade em fiel e amorosa submissão à infinita majestade de Deus; leva-nos a permanecer sempre no nosso lugar, sem querer usurpar o lugar de Deus, sem pretender honras que são para a glória de Deus. Uma das manifestações da soberba é o desconhecimento do temor de Deus. E, juntamente com a humildade, o dom do temor de Deus tem uma singular afinidade com a virtude da temperança, que inclina a usar com moderação das coisas humanas, subordinando-as ao seu fim sobrenatural. A raiz mais frequente do pecado é precisamente a busca desordenada dos prazeres sensíveis ou das coisas materiais, e é nesse ponto que atua o dom, purificando o coração e conservando-o inteiramente para Deus.

"O dom do temor é por excelência o da luta contra o pecado, pois confere uma especial sensibilidade para detectar tudo aquilo que possa *contristar o Espírito Santo* (Ef 4, 10). Todos os demais dons ajudam-no nessa missão especial: as luzes dos dons do Entendimento e da Sabedoria descobrem-lhe a grandeza de Deus e a verdadeira significação do pecado; as diretrizes práticas do dom de Conselho mantêm-no na admiração de Deus; o dom da Fortaleza sustenta-o na luta sem desfalecimentos contra o mal (cf. M. M. Philipon, *Los dones dei Espíritu Santo*, p. 332). [...] O santo temor de Deus leva-nos com suavidade a desconfiar prudentemente de nós mesmos, a fugir com prontidão das ocasiões de pecado; e inclina-nos a ser mais delicados com Deus e com tudo o que a Ele se refere. Peçamos ao Espírito Santo que, mediante este dom, nos ajude a reconhecer sinceramente as nossas faltas e a sentir verdadeira dor delas. Que nos faça reagir como o salmista: *Muitas lágrimas correram dos meus olhos por não ter observado a tua lei* (Sl 118, 136). Peçamos-lhe que, com delicadeza de alma, tenhamos sempre à flor da pele o sentido do pecado" (FD 92-III; N. E.).

O DOM DO TEMOR DE DEUS

esteja sempre abrasado de amor a Deus e ao próximo; que a minha vontade esteja sempre conforme com a vossa vontade divina, e que toda a minha vida seja uma imitação fiel da vida e das virtudes de nosso Senhor e Salvador Jesus Cristo, a quem com o Pai e convosco, Espírito Santo, sejam dadas toda a honra e toda a glória para sempre.

TERCEIRA PARTE
OS FRUTOS DO ESPÍRITO SANTO

A CARIDADE E A ALEGRIA

Se o Espírito Santo pôs em nós essas admiráveis disposições que são as virtudes e os dons, foi para que déssemos muito fruto. Com efeito, o Senhor dizia aos seus discípulos: *Nisto meu Pai será glorificado, em que deis muito fruto* (Jo 15, 8), acrescentando logo a seguir: *Não fostes vós que me escolhestes, fui Eu que vos escolhi e vos destinei para que vades e deis fruto, e o vosso fruto permaneça* (Jo 15, 16).

Toda a árvore que não der fruto bom será cortada e lançada ao fogo (Mt 3, 10; 7, 19), tinha dito em outra ocasião. E agora insiste com os Apóstolos: *Todo o sarmento que não der fruto em Mim, Ele — o Pai, que é o Vinhateiro dessa vinha divina que é Cristo e a Igreja — o cortará* (Jo 15, 2). Nessas palavras, aparece com clareza o erro dos que pensam que a vida cristã consiste unicamente em fugir do pecado. Feitos membros vivos da videira mística pela graça do Batismo, devemos dar nela frutos de vida eterna.

A condição para isto é, em primeiro lugar, morrer para nós mesmos pela mortificação do nosso amor-próprio e de todas as tendências desordenadas.

Se alguém quiser vir após Mim, negue-se a si mesmo, tome a sua cruz e siga-me (Mt 16, 24), diz Cristo. A seguir, é preciso que continuemos a ser membros vivos, ramos transbordantes de seiva nessa videira. *Quem permanece em Mim, esse dá muito fruto* (Jo 15, 5).

Esse fruto será tanto mais abundante e saboroso quanto mais docilmente o ramo se deixar podar e limpar pelo Vinhateiro, aceitando generosa e amorosamente as provações e humilhações que Ele enviar. *Todo o sarmento que em Mim der fruto, Ele o podará para que dê mais fruto* (Jo 15, 2).

Quais são, pois, os frutos que o Vinhateiro divino deseja colher da sua vinha?

O Catecismo da Igreja Católica responde-nos: "A Tradição da Igreja enumera doze: 'caridade, alegria, paz, paciência, longanimidade, bondade, benignidade, mansidão, fidelidade, modéstia, continência e castidade'" (n. 1832; cf. Gl 5, 22-23 vulg). Ou seja, todas as obras boas, que tornam a alma agradável a Deus, como comenta São Tomás.

A caridade

O primeiro fruto do Espírito Santo nas nossas almas é um amor imenso, dotado de uma infinita delicadeza, ao Pai, por Jesus Cristo e pelo Espírito divino.

Não se trata necessariamente de um amor sentido, mas de um amor intensamente querido; e tanto mais querido, nas almas fervorosas, quanto menos sensível for. E não há nisto nada de estranho, uma vez que nos lembramos de que o Espírito

A CARIDADE E A ALEGRIA

Santo é o próprio Amor substancial que une o Pai ao Filho.[1]

Quanta glória não dá ao Pai esse amor puríssimo, desprendido de toda a sensibilidade e, por isso mesmo, de toda a compensação! É um fruto saborosíssimo e delicioso para o seu coração de Pai, *porque é extremamente santificante para as nossas almas*. Se fôssemos capazes de compreendê-lo, longe de desejar a doçura e o consolo sensíveis, não nos cansaríamos de dar graças ao Senhor porque nos faz andar pelos caminhos da secura e da aridez espiritual.

Esse fruto incomparável traz consigo ainda um outro. É impossível amar verdadeiramente a Deus sem amar o próximo, diz São João: *Se alguém disser: "Amo a Deus", mas aborrecer o seu irmão, mente* (1 Jo 4, 20). A razão é muito simples. Se todos somos um em Cristo, e de certa forma somos o próprio Cristo, segundo aquelas palavras de Santo Agostinho que já mencionamos acima — *"Ipse sumus nos"* —, não amar o próximo, não amar os nossos irmãos, é não amar a Cristo e não amar o Pai.

O Senhor quer que nos amemos uns aos outros como Ele nos amou e continua a amar; isto é, com o

---

1   E Deus, que não é material e portanto não é acessível aos nossos sentidos, transcende além disso, e infinitamente, também a nossa imaginação e sensibilidade, bem como as nossas potências espirituais da inteligência, memória e vontade; poderíamos dizer que simplesmente não "cabe" em nós. Se esse amor que se derrama em nós é o próprio Deus, nada mais natural que não sejamos capazes de senti-lo. É como ocorre com a vista: se faltar luz, ainda seremos capazes de enxergar alguma coisa; mas se olharmos diretamente para o sol, o excesso de luz cegar-nos-á e não nos permitirá enxergar mais nada. Da mesma forma, ordinariamente não poderemos "sentir" o amor que é o Espírito Santo, não por falta, mas por excesso. Algumas vezes, porém, o próprio Espírito Santo poderá nos conceder a graça de "sentir" de diversas formas a sua presença (N. E.).

amor com que ama o seu Pai, com esse amor imenso e de infinita delicadeza que acabamos de mencionar. Este é, aliás, o seu Mandamento, o Mandamento novo que trouxe ao mundo. *Um mandamento novo vos dou: que vos ameis uns aos outros como Eu vos amei* [...]. *Nisto conhecerão todos que sois meus discípulos* (Jo 13, 34-35).

Portanto, não deveríamos pôr o nosso empenho em nada que não seja amarmo-nos uns aos outros com um amor puro e santo, que nos traga alegria por causa de todo o bem verdadeiro que vejamos no nosso próximo, e nos dê tristeza por todo o mal, pelos pecados e imperfeições que o impedem de render ao Pai toda a glória e todo o amor que só a Ele pertencem.

Este é o primeiro fruto que o Vinhateiro divino espera da sua vinha, e que o Espírito Santo fará amadurecer nas nossas almas. O segundo, diz-nos São Paulo, é a *alegria.*

A alegria

A alegria é o descanso da vontade na posse da pessoa ou da coisa amada.

Ora, o nosso Pai celeste quer que a sua vinha dê também esse fruto, tão particularmente querido ao seu coração. Deus quer ver a alegria reinar no coração dos seus filhos. Não nos criou para a tristeza, mas sim para a alegria. *Alegrai-vos sempre no Senhor* — diz-nos São Paulo —; *outra vez o digo: alegrai-vos* (Fl 4, 4).

Esta alegria perfeita, só poderemos saboreá-la plenamente no Céu. *Alegremo-nos e regozijemo-nos,*

A CARIDADE E A ALEGRIA

e demos glória a Deus (Ap 19, 7), cantam os bem--aventurados, conforme testemunha São João no Apocalipse. Mas já neste mundo devemos ser almas de alegria.[2] "Um santo triste", diz o provérbio popular, "é um triste santo".

Parece-me até que este fruto da alegria, mesmo imperfeito, terá um sabor muito especial para o Coração de Deus se tiver amadurecido no meio das lágrimas que sempre acompanham a nossa passagem por este mundo. Uma jovem carmelita de Pontoise, falecida em 1919 em odor de santidade, a Irmã Maria Angélica de Jesus, escrevia pouco antes da sua morte: "Parece-me que Jesus fez de mim uma alma de alegria. Não é que não seja 'moída' por Ele, nem que deixe de experimentar o sofrimento, até bem vivamente; mas encontro a felicidade no meio deste sofrimento. Deus me faz encontrar felicidade em todas as coisas. Mas a verdade é que esta alegria vem dEle, e só dEle".

Não é que esperasse passivamente que o Céu lhe concedesse essa graça. "Procuro sorrir sempre" — conta-nos ela —, "sabendo muito bem que todos os sorrisos que contrariam a nossa inclinação natural são de uma beleza arrebatadora para o Coração de Jesus". E Santa Teresa do Menino Jesus havia escrito alguns anos antes: "Encontrei a felicidade e a alegria sobre a terra" — reparemos bem: a *felicidade e a alegria* —, "mas unicamente no sofrimento, porque tenho sofrido muito".

---

2 Com a alegria daquele que, embora esteja ainda "de viagem", isto é, ainda não tenha chegado à meta, tem no entanto a certeza de avançar na direção certa e antecipa já a felicidade plena de que gozará ao chegar. [N. E.]

A ação do **ESPÍRITO SANTO** na alma

Não se trata, portanto, de uma alegria sensível nem de uma alegria sentida. Os sentidos nada têm que ver com esta alegria totalmente espiritual que, tal como a caridade da qual é consequência, tem a sua fonte na vontade. É o descanso da vontade na posse de Deus pela fé e por esse amor imenso de que falávamos, um amor puríssimo, delicadíssimo, que deseja ser tanto mais intenso quanto menos sensível é.

É por isso que a alma que ama a Deus de verdade, longe de se entristecer por não sentir nada, como tenderia a fazer de acordo com a sua natureza, prefere estar mergulhada na secura e na aridez dos sentidos. "O homem verdadeiramente espiritual" — escreve São João da Cruz — "busca em Deus a amargura, não o prazer; prefere o sofrimento à consolação, a privação de todos os bens à sua posse, a dureza e as aflições às doces comunicações do Céu, persuadido como está de que é nisto que consiste o seguimento de Cristo e a renúncia a si mesmo".[3]

Alegrar-se nas provações; sorrir ao sofrimento, como Teresa do Menino Jesus; cantar no coração, cantar sempre e com uma voz tanto mais melodiosa quanto mais longos e mais afiados forem os espinhos; não permitir sequer que os que nos cercam suspeitem de que estamos tristes; e tudo isso, não por um orgulho tolo, mas *por amor*, para oferecer a Jesus e ao seu Pai um pequeno ramalhete de singelas violetas, pouco vistosas mas fragrantes. Este é, juntamente com o amor, o fruto que o Vinhateiro divino quer

---

3   *Subida do Monte Carmelo.*

A CARIDADE E A ALEGRIA

colher nos sarmentos da sua videira, frutos que só o Espírito Santo pode produzir em nós.

É até por demais evidente que semelhante amor e semelhante alegria pressupõem que esteja presente na alma o Espírito de Sabedoria e Entendimento, o Espírito de Ciência e Conselho, o Espírito de Fortaleza, Piedade e Temor de Deus. Devemos portanto suplicar-lhe que se apodere cada vez mais da nossa alma e das nossas faculdades, de todo o nosso ser, a fim de que já não vivamos senão de acordo com as suas divinas inspirações e produzamos fruto abundante para a maior glória do Pai.

Espírito Santo, Deus de Amor, que fortaleceis e alegrais as almas dos vossos filhos, dai-nos a graça de ser, em nome da vossa infinita misericórdia, sarmentos transbordantes de seiva e carregados de frutos na vossa vinha mística, para que, depois de termos glorificado o Pai e o Filho neste mundo por uma vida de santidade, possamos por meio de Vós continuar a louvá-los por toda a eternidade, em união com Maria e com toda a corte celestial.

A PAZ

O amor e a alegria, que são os primeiros frutos do Espírito Santo, têm como efeito cumular a alma de uma paz indescritível e inabalável, que constitui o terceiro dos frutos do Espírito Santo mencionados por São Paulo na Carta aos Gálatas. Esta é a paz que o Apóstolo tão ardentemente deseja aos primeiros cristãos: *Que a paz de Cristo reine nos vossos corações*, escreve por exemplo aos Colossenses (Cl 3, 15).

Vejamos qual é a natureza desta paz e qual a sua importância, bem como quais os meios de que dispomos para encontrá-la e mantê-la nas nossas almas.

Quem diz paz, diz tranquilidade. Mas não devemos concluir daí que toda a tranquilidade constitua a verdadeira paz. Com efeito, há uma falsa segurança, uma tranquilidade enganosa, que só tem as aparências de paz. É a *falsa paz* de que falam as Escrituras, a *paz dos pecadores* empedernidos que já não sentem a mordedura dos remorsos (cf. Sl 72, 3), e *que exclamam "Paz, paz!", quando não há paz* (Jr 6, 14).

Essa paz encobre com frequência uma multidão de misérias: *a tantos e tão grandes males dão eles o nome de "paz"* (Sb 14, 22). Assemelha-se a essa sensação de bem-estar que os moribundos experimentam às vezes, e que lhes confere a impressão de estarem a caminho da cura, quando na verdade essa melhora aparente não é senão o começo da morte, um efeito da insensibilidade que pouco a pouco se vai apoderando do organismo inteiro. Que Deus nos livre de semelhante paz, que talvez deixasse o nosso amor-próprio bem a seu gosto, mas que é tão perigosa para as nossas almas! "Não há maior miséria" — escreve o Venerável Libermann — "do que ser miserável e nem sequer o suspeitar".

Essa falsa paz é a da desordem, como a que reina numa família em que os pais cedem a todos os caprichos do filho com o mentiroso pretexto de que assim poderão "ter um pouco de paz". É como se numa cidade, sob o pretexto de não contrariar ninguém, se deixasse os ladrões e os assassinos cometerem livremente as suas malfeitorias. *A tantos e tão grandes males dão eles o nome de "paz"*. É a isso que o homem mundano chama "paz". E era a essa falsa paz do mundo que se referia Jesus: *Não penseis que vim trazer a paz à terra; não vim trazer a paz, mas a espada* (Mt 10, 34).

A verdadeira paz, pelo contrário, consiste na "tranquilidade da ordem", como acertadamente a definiu Santo Agostinho. É como o bem-estar que resulta de um organismo em perfeita saúde, ou como a tranquilidade que reina numa família em que os filhos obedecem aos pais em tudo o que é justo, e esses pais, por sua vez, se portam de forma exemplar em tudo.

A paz autêntica tem dois pressupostos: um elemento negativo, a *ausência de agitação*, que é precisamente o oposto da paz; e um elemento positivo, o *descanso da vontade* na posse estável do bem desejado. Ora, esse é precisamente o estado em que

A PAZ

se encontra a alma inteiramente entregue à ação do Espírito Santo.

Com efeito, que pode ainda perturbar essa alma?

A doença, as fraquezas?... Mas se ela sabe perfeitamente que essas coisas são permitidas pelo seu Pai celeste e para seu bem!

A morte, então?... Como poderia, se à semelhança de Santa Teresa do Menino Jesus, ela a espera com amor e descobre dentro de si que não lhe falta coragem para aceitá-la?

Serão as humilhações exteriores?... É verdade que a alma não pode deixar de senti-las vivamente, mas não ignora que são as graças mais preciosas que o Salvador concede às almas que lhe são queridas. Por isso, apesar da dor que experimenta, transborda de alegria na vontade, tal como o Apóstolo Paulo (2 Cor 7, 4), sobretudo se essas humilhações recaem sobre ela por causa da sua fidelidade a Cristo. Recorda-se então das palavras do Salvador: *Bem-aventurados sereis quando vos insultarem e perseguirem e com mentira disserem contra vós todo o gênero de mal por minha causa. Alegrai-vos e regozijai-vos, porque será grande a vossa recompensa, pois assim perseguiram os profetas que viveram antes de vós* (Mt 5, 11-12).

Será enfim a secura na oração, a aridez de sentimentos, as distrações e tentações de todo o tipo que lhe assaltam a vida interior?... Não, porque essa alma, sob o influxo do dom de Ciência, compreendeu com São João da Cruz que, para ela, o sofrimento é preferível às consolações, a amargura ao prazer, a privação de todos os bens à sua posse, a sede e a desolação às suaves comunicações do Céu.

A ação do ESPÍRITO SANTO na alma

Sabe que é nessas ocasiões que pode oferecer a Deus um amor purificado de toda a complacência em si mesma e, como Teresa de Lisieux, mesmo no meio dos espinhos só quer cantar a Deus no seu coração. Como ela, quer encontrar a sua alegria no sofrimento, feliz por poder assim gerar muitas almas para a vida eterna (cf. Gl 4, 19).

Essa alma não se preocupa sequer de saber se terá merecido essa secura e essa desolação pelas suas infidelidades. Quer apenas alegrar-se com o sofrimento, a fim de, com ele, reparar as suas negligências e de contribuir, em união com Cristo, para a maior glória do Pai e a salvação do mundo.

Não há, pois, absolutamente nada que possa perturbar uma alma abandonada à ação do Espírito Santo. As provações podem talvez produzir nela uma certa agitação superficial, mas oferecem-lhe uma ocasião mais para humilhar-se e saborear a sua fragilidade; no íntimo, porém, desfruta de uma paz profunda que nada poderá alterar: *a paz de Deus, que sobrepuja todo o entendimento* (Fl 4, 7).

Essa alma tem consciência de estar na posse do único bem a que está apegada; sabe que possui a Deus; sabe-se amada por Ele "até à loucura", apesar da sua miséria, e por sua vez também ama a Deus sem medida. De boa vontade, exclamaria com São Paulo: *Quem nos arrebatará ao amor de Cristo? A tribulação, a angústia, a perseguição, a fome, a nudez, o perigo, a espada? [...] Mas se em todas essas coisas vencemos por Aquele que nos amou! Porque estou persuadido de que nem a morte, nem a vida, nem os anjos, nem os principados, nem o presente,*

A PAZ

nem o futuro, nem as virtudes, nem a altura, nem a profundeza, nem nenhuma outra criatura poderá arrancar-nos ao amor de Deus manifestado em Cristo Jesus, nosso Senhor (Rm 8, 35-39).

Como poderia esta alma não se sentir inundada de paz, quando se sabe inteiramente entregue Àquele que é o único centro de todas as coisas, e quando não tem senão um único receio, o de desgostar seja no que for um Pai tão bom? Encontra-se plenamente ordenada: como poderia não saborear a tranquilidade que é o resultado necessário da ordem, isto é, a verdadeira paz? Feliz, mil vezes feliz a alma que desfruta dessa paz interior, antegosto da paz do Céu, da paz eterna!

Esta é a paz que o Senhor desejava para os seus discípulos depois da Ressurreição: *A paz esteja convosco* (Jo 20, 19). Esta é a paz de Cristo — *a paz vos deixo, a minha paz vos dou* (Jo 14, 27) —, tão diferente da paz do mundo. Esta é a paz que as Sagradas Escrituras nos convidam tão insistentemente a buscar: *Busca a paz e vai no seu encalço* (Sl 33, 15). É a paz que os anjos cantaram em Belém, a paz que os Apóstolos Pedro e Paulo insistem em desejar aos fiéis no começo das suas Epístolas: *A graça e a paz da parte de Deus, nosso Pai, e do Senhor Jesus Cristo estejam convosco* (Fl 1, 2).

A paz é a condição necessária para que a vida da graça chegue ao seu perfeito desenvolvimento em nós.

O demônio sabe-o muito bem. Por isso, procura de todas as maneiras semear a inquietação nas almas, particularmente nas que se dedicam de alguma forma a Deus. Essa é a meta imediata dos seus esforços. Uma alma intranquila tende a deixar-se tomar pela tristeza e a dobrar-se sobre si mesma, o que a impede de abrir-se ao sol do Amor divino e, em consequência, de dar glória a Deus como deveria.

A maneira de sair dessas situações, que se dão quando a alma não soube evitar as armadilhas do demônio, é abrir humildemente o coração ao confessor a fim de arrancar todas as ervas daninhas e espinhos que a emaranham por dentro, afogando o trigo bom das inspirações divinas e impedindo-a de produzir os frutos que dela espera o Vinhateiro divino. O remédio é tanto mais eficaz quanto mais desagrada ao demônio do orgulho, e assim encaminha a alma de maneira mais eficaz para deixar-se conduzir pelo Espírito divino.

Esta paz consolidar-se-á tanto mais em nós quanto mais nos aplicarmos a ser fiéis às menores inspirações da graça, preocupados unicamente com cumprir os desejos de Deus até nos mais ínfimos pormenores. *Grande paz têm os que amam a vossa lei* (Sl 118, 165), canta o Salmista. *A paz é fruto da santidade e do amor filial: A obra da justiça é a paz* (Is 32, 17), diz-nos o Profeta Isaías, e o Eclesiástico: *O temor do Senhor* [...] *dá uma plenitude de paz* (Eclo 1, 22). Feliz a alma fervorosa, a quem o próprio Deus promete: *derramarei sobre ela como que um rio de paz* (Is 66, 12)!

Espírito Santo, Deus de amor e de paz, que estais presente na minha alma, adoro-vos e suplico-vos que derrameis em mim a vossa paz, essa paz que o Senhor desejava com tanto amor para os seus Apóstolos logo

A PAZ

depois da Ressurreição, essa paz que é condição de toda a vida de intimidade com Cristo e com o Pai, e que é ao mesmo tempo condição e coroamento da vossa ação santificadora nas almas.

Suplico-vos, Espírito Santo, por intercessão do Imaculado Coração de Maria, vossa Santíssima Esposa, Rainha da Paz, que me deis a humildade de coração e a perfeita fidelidade às vossas santas inspirações, a fim de que, depois de ter saboreado ainda neste mundo a vossa paz divina, possa eu gozá-la plenamente por meio de Vós no Céu, por toda a eternidade.

A PACIÊNCIA E A LONGANIMIDADE

Os frutos do Espírito Santo de que vimos tratando — o amor, a alegria, a paz — são efeito dos bens indizíveis que os dons do Espírito Santo trazem à alma. Neste mundo não podemos, porém, desfrutar por longo tempo e de maneira estável de uma felicidade perfeita. Esta vida é um tempo de prova, em que a nossa alma tem de ser experimentada pelo sofrimento como o ouro pelo fogo.

O próprio Senhor, embora fosse a própria santidade, quis que "a sua vida inteira fosse cruz e martírio",[1] para nos animar com o seu exemplo a aceitar amorosamente as provações desta vida. E, pelo mesmo motivo, não quis poupar a cruz nem sequer à sua Santíssima Mãe.

Por isso, o Apóstolo tem toda a razão ao incluir entre os autos do Espírito Santo a paciência e a longanimidade, que dispõem a alma para se comportar como é preciso perante a adversidade.

A paciência

A paciência sobrenatural é uma disposição da alma que nos permite suportar com equanimidade, por amor a Deus e em união com o Senhor,

---

1   *Imitação de Cristo.*

os sofrimentos físicos e morais. "Todos sofremos o suficiente para ser santos, se soubermos aceitar e abraçar o sofrimento como convém", escreveu Tanquerey. Infelizmente, "muitos só sabem sofrer queixando-se, protestando e por vezes até maldizendo a divina Providência".[2] Não compreendem os benefícios que o sofrimento lhes traz, e por isso não sabem sofrer com paciência.

Vemos São Paulo exortar continuamente os primeiros cristãos a buscarem essa virtude: *Revesti-vos de paciência* (cf. Col 3, 12). Da mesma forma, diz o autor da Epístola aos Hebreus: *Tendes necessidade de paciente perseverança* (Heb 10, 36). Antes deles, o Senhor tinha já recomendado com insistência essa virtude aos Apóstolos.

O objeto da paciência, acabamos de vê-lo, são os sofrimentos físicos e morais. Sofrimentos físicos que provêm das doenças, das fraquezas corporais, das inclemências do tempo etc. Sofrimentos morais que são ainda mais penosos, e que a alma fervorosa experimenta, entre outras coisas, diante dos seus defeitos e das suas faltas, em que recai continuamente apesar de todos os bons propósitos que faz.

Referimo-nos aqui às faltas cometidas sem deliberação perfeita, pois a alma fervorosa sempre pode, com a ajuda da graça divina, evitar as faltas plenamente deliberadas, e de fato deve evitá-las. Essa graça não lhe é negada se a implora com humildade, porque Deus é o primeiro a desejar e a querer ardentemente a nossa santificação. Mas,

---

2   *Compêndio de Teologia ascética e mística.*

A PACIÊNCIA E A LONGANIMIDADE

quanto às faltas causadas pela nossa fragilidade, das quais tanto gostaríamos de nos ver livres, o nosso Pai celeste às vezes considera conveniente para o nosso bem que experimentemos durante longos anos, e até durante toda a vida, a nossa incapacidade de nos desfazermos delas somente com as nossas forças. Por mais que rezemos, que façamos propósitos, que redobremos a vigilância, depois de alguns êxitos passageiros encontramo-nos de novo no ponto de partida. E a alma fervorosa sofre especialmente com esta incapacidade de vencer-se porque percebe claramente que os que a cercam sofrem com as suas imperfeições.

É então que pode experimentar a tentação de queixar-se, de protestar contra a Providência e de deixar-se levar pelas suas más inclinações, sob pretexto de que a luta é inútil e de que o ideal que se tinha proposto é impossível de alcançar. Nesse momento, deve recordar a comparação que fazia Santa Teresa do Menino Jesus com aquele menino que, quase incapaz de se suster sozinho nas suas perninhas, continua no entanto a fazer esforços para escalar os degraus que o separam da sua mãe, quando é incapaz até de subir o primeiro...

A alma iluminada pelos dons de Ciência, Entendimento e Conselho conhece a sua incapacidade absoluta para fazer o bem sem a ajuda do Espírito divino. Em consequência, não se surpreende nem um pouco com a inutilidade dos seus esforços.

Por outro lado, essa alma sabe também que a vontade de Cristo e do seu Pai é que alcance, já na terra, o cume da santidade, e que é unicamente pela ação do Espírito divino que poderá ver-se elevada a essa altura. Sabe que o Espírito não deixará de levar a cabo nela a sua obra santificadora, desde que esteja disposta a deixá-lo agir. E sabe que é somente por meio da consciência cada vez mais clara da sua miséria e da sua incapacidade de fazer seja o que for pelas suas próprias forças que ela se toma apta para receber esta ação divina.

Assim, não se assusta com a aparente inutilidade dos seus esforços. Persevera na luta e perseverará durante todo o tempo que Deus quiser, com a certeza de que há de soar a hora em que o seu Pai celeste, na sua divina misericórdia, a livrará para sempre da sua fraqueza espiritual. Enquanto espera, combate generosamente como Santa Joana d'Arc, apesar das derrotas passageiras e com a firme certeza da vitória final, consciente de que esta é um dom da divina bondade.

Quanto aos motivos que levam a alma a suportar com equanimidade o sofrimento, quer dizer, sem amargura nem azedume contra Deus ou contra quem quer que seja, são todos sobrenaturais e dignos do Espírito Santo que a anima.

Não se submete apenas porque não há outro remédio senão resignar-se, nem porque seria pouco razoável revoltar-se — motivos que não são maus, mas meramente naturais —; nem porque deseja somente expiar as suas faltas e merecer o Céu — motivos mais sobrenaturais, embora bastante interesseiros —; não, se a alma aceita a sua sorte, é sobretudo, se não unicamente, por amor. Agrada-lhe

A PACIÊNCIA E A LONGANIMIDADE

que o Senhor queira servir-se dela como de uma "humanidade de acréscimo", segundo a expressão de Isabel da Trindade, e quer que Ele leve avante a sua obra redentora nela, no seu corpo, no seu coração e na sua alma, para maior glória do Pai e para a salvação de uma multidão de almas.

Como São Paulo, alegra-se de que se complete nela *o que falta aos padecimentos de Cristo pelo seu corpo, que é a Igreja* (Cl 1, 24). Com efeito, Jesus continua a viver sobre a terra nos membros do seu Corpo Místico, que somos todos nós, e da mesma forma que os seus méritos são os nossos méritos, porque os seus sofrimentos, o seu amor e a sua obediência perfeita são nossas, assim também os nossos sofrimentos são os dEle e, por eles, Ele não cessa de dar glória ao seu Pai e de redimir os homens.

Que consolo para a alma fervorosa saber que é Cristo quem sofre nela, que é humilhado nela, que é tentado e esbofeteado nela pelo demônio, como o foi no deserto e na Paixão! Assim todas as provações, sejam elas quais forem, mesmo as mais humilhantes, se tomam amáveis e desejáveis — não por si mesmas, é claro, mas pela ocasião que nos oferecem de comungar com a Paixão do nosso Salvador. Santa Teresa do Menino Jesus escrevia: "Os corações puros estão frequentemente rodeados de espinhos, mas os lírios entre os espinhos são os prediletos do Senhor. Feliz aquele que for considerado digno de sofrer a tentação!" Pensemos no valor incomparável do sofrimento sob todas as suas formas e na sua fecundidade; longe de o repelirmos, acolhê-lo-emos com alegria espiritual e até com um sorriso.

A longanimidade

o que acabamos de dizer sobre a paciência vale igualmente, em boa parte ao menos, para a longanimidade. A longanimidade sobrenatural, segundo São Tomás, é a disposição de alma que nos permite esperar com equanimidade, isto é, sem queixas nem amargura, e por todo o tempo que Deus quiser, a realização em nós dos seus planos de santidade para as nossas almas.

A alma iluminada pelo Espírito Santo não duvida de forma alguma desses desígnios da misericórdia de Deus. Sabe que a vontade do Senhor é que ela se torne "santa, e uma grande santa". Recorda o que o Salvador disse aos Apóstolos: *Sede perfeitos como o vosso Pai celeste é perfeito* (Mt 5, 48). Sabe igualmente que Deus não tem maior desejo do que levar a cabo nela, até o fim, esses propósitos infinitamente misericordiosos; que isto é obra do Espírito Santo, não dela; que o papel que lhe cabe *é esperar contra toda a esperança* (cf. Rm 4, 18) e aplicar-se com perseverança a realizar esta perfeição à qual é chamada, sem esperar nada dos seus esforços; que deve aplicar-se nessa tarefa unicamente para agradar ao seu Pai celeste, para manifestar-lhe a sua boa vontade e o seu vivo desejo de corresponder aos seus planos amorosos, dispondo-se assim cada vez mais para a ação do Espírito divino.

Por isso, não se perturba nem um pouco ao comprovar uma e outra vez a sua miséria, apesar de todos os seus esforços. Tem a certeza, baseada na fidelidade de Deus, de que os seus desejos de santidade serão

A PACIÊNCIA E A LONGANIMIDADE

um dia plenamente cumulados, que será assim já na vida presente; e desta forma espera cheia de paz a manifestação do Senhor. Que lhe importam os fracassos repetidos, se sabe que a hora da misericórdia divina acabará por soar e que o Espírito Santo realizará então, num só instante, o que ela não pôde conseguir em muitos anos de esforço e de luta?[3]

A longanimidade aparece-nos assim como a flor, como o pleno desenvolvimento da virtude da esperança na alma entregue ao Espírito Santo. É uma certeza indefectível de que se cumprirão nela, pela misericórdia divina e na hora oportuna, todos os desígnios eternos de Deus sobre ela. Esta certeza, esta segurança faz com que a alma desfrute de uma paz que nada pode perturbar.

Como vemos, voltamos a desembocar no "pequeno caminho" de Santa Teresa do Menino Jesus. É natural, pois este caminho foi-lhe inspirado pelo Espírito Santo, que não costuma contradizer-se. Sigamos, pois, esse caminho de confiança e de perfeito abandono. Não nos deixemos abater por nenhum fracasso, nenhuma dificuldade. Apoiados nas promessas divinas,

---

3   Para o cristão comum, essa "hora" não costuma chegar de uma vez e em todos os aspectos da vida ou em todas as virtudes nas quais está empenhado em melhorar, mas pouco a pouco e parcialmente. Não deve impacientar-se, portanto, de que não perceba nenhuma mudança radical, mas apenas certas transformações por assim dizer "setoriais".

Na verdade, até o seu último alento a alma fiel perceberá que ainda há horizontes não atingidos de correspondência amorosa e de fidelidade às graças que vai recebendo, e que continua a ter muito caminho a percorrer. Quanto mais abandonada à atuação do Espírito Santo, tanto maior será a serena consciência que tem da sua imperfeição e maiores as suas ânsias de santidade e de luta. "Este é o nosso destino na terra" — escrevia o Bem-aventurado Josemaria Escrivá —: lutar por amor até o último instante" (Andrés Vázquez de Prada, *O Fundador do Opus Dei*, Quadrante, São Paulo, 1989, p. 446; N. E.).

combatamos como melhor pudermos, com a segurança de que, na hora assinalada pela Providência divina, a vitória nos será dada.

Espírito Santo, dai-nos essa paciência e essa longanimidade, que são tão necessárias nas provações desta vida; e, depois de nos terdes dado a graça de compreender mais a fundo a nossa pobreza e a nossa nulidade, dignai-vos realizar na nossa alma os propósitos que a divina misericórdia tem traçados para nós, para glória da Santíssima Trindade, pelos séculos dos séculos.

A BONDADE E A BENIGNIDADE

Depois de enumerar os frutos do Espírito Santo que aperfeiçoam *a alma em si mesma*, o Catecismo, com São Paulo, cita os que a dispõem bem *para com o próximo: a bondade, a benignidade, a mansidão e a fidelidade* (cf. Gl 5, 22).

A bondade

A bondade da qual nos fala o Apóstolo é uma disposição sobrenatural da vontade que nos inclina a querer todo o tipo de bens para os outros. A alma inteiramente entregue à ação do Espírito Santo, e particularmente dos dons de Entendimento, Sabedoria e Piedade, sabe-se infinitamente amada por Deus-Pai em Cristo seu Filho, de quem ela se tomou membro pela graça e pelo Espírito Santo. E sabe-se igualmente amada, no mesmo Cristo, pela Virgem Maria, pelos anjos e santos do Céu, e também por todas as almas unidas a Cristo na unidade do Espírito Santo.

Em contrapartida, nesse mesmo Espírito também ela ama o Pai, o Senhor Jesus Cristo, a Santíssima Virgem, os eleitos e todas as almas unidas a Cristo pela graça ou que podem chegar a estar unidas a Ele. Esta alma encontra-se, pois, inteiramente submersa no amor e transborda ela própria de amor a Deus e ao próximo. Sob a influência do Amor subsistente que é o Espírito Santo, converteu-se de certa forma em amor, e nada mais que amor. Como o carvão ou a barra de aço, em si mesmos negros e frios, se tornam brilhantes e ardentes como o fogo, assim a alma imersa nesse braseiro de amor que é o Espírito Santo se torna semelhante em todas as coisas ao divino Espírito.

Feliz a alma que é transformada assim pelo Amor divino! Já não pode senão amar, amar com um amor profundo e absolutamente sobrenatural, que a leva a desejar o bem dos seus irmãos, o bem espiritual das suas almas, e a estar disposta, como o próprio Jesus, a derramar todo o seu sangue por eles, a dar por eles mil vidas.

Essa alma está agora livre desses sórdidos sentimentos que muitas vezes nos fazem corar de vergonha, e que se chamam inveja e ciúme. Uma tristeza amarga invade a alma do invejoso; experimenta como que um aperto no coração e uma espécie de angústia diante do bem dos outros, dos seus êxitos e das vantagens com que são favorecidos, e é com maligna alegria que os vê serem privados dos bens de que ele mesmo carece.

Se a inveja é o pecado do pobre, daquele que se encontra privado das vantagens de que os outros gozam, os ciúmes são de certa forma o pecado do rico, daquele que possui e quer ser o único a possuir, não suportando rivais nem concorrentes. O ciumento sempre tem medo de ser suplantado por outro. Experimenta despeito sobretudo diante da estima e da afeição de que goza o próximo, porque quereria ter toda a estima e afeição única e exclusivamente para si.

A BONDADE E A BENIGNIDADE

Se ouve falar bem de outra pessoa, experimenta como que uma necessidade de contrariá-la, de denegri-la, de menosprezar as suas qualidades, de pôr em relevo as suas faltas, até de caluniá-la, atribuindo-lhe intenções torcidas ou defeitos que não tem.

Quantas discórdias e quantos crimes não tiveram — e continuam hoje a ter — a sua origem na inveja e nos ciúmes. Foi por inveja que a serpente causou a ruína do gênero humano, que Caim matou Abel, que os irmãos de José conceberam o seu projeto fratricida. Foi por inveja que os escribas e os fariseus odiaram Cristo até a morte.

Se a alma cristã, por natureza escrava desses sórdidos defeitos, não chega a cometer tais excessos, no entanto torna-se culpada de um sem-número de faltas precisamente contra a virtude mais cara ao Coração de Jesus, a virtude da caridade. Essas são as raízes vivazes desses *espinhos* de que fala o Senhor, que impedem o bom grão de crescer e de dar frutos nas almas (cf. Mt 13, 3-9).

A alma entregue ao Espírito Santo, precisamente porque já não é capaz de sentir outro amor que não o divino, e porque só deseja a glória de Deus e a vinda do seu Reino às almas, está resguardada contra estas tendências ruins. Ama tudo o que Deus ama, e como o Pai ama todas as almas com o mesmo amor com que ama o seu Filho único, também ela experimenta esse mesmo afeto por todos e não tem outro desejo senão ver que todos correspondem plenamente à sua santa vocação e realizam os desígnios eternos que Deus tem para eles.

A caridade não é invejosa (1 Cor 13, 4), diz-nos o Apóstolo. A alma repleta de caridade é incapaz de entristecer-se seja por que motivo for, exceto pelos pecados próprios e alheios, que são obstáculo para a vinda do Reino de Deus, único objeto de todas as suas aspirações. Alegra-se com os que se alegram e chora com os que choram. Esquece-se da sua própria glória e das suas próprias conveniências, não quer senão servir a Deus e não aspira a mais nada que dar-lhe glória. Aceita que outras almas tenham recebido mais do que ela e sejam chamadas a um grau de glória e santidade mais elevado.

As primeiras petições do Pai-Nosso são o resumo de todas as aspirações do seu coração. Deus, apenas Deus, é para ela o único centro para o qual tudo deve convergir. Por isso, desfruta de uma paz profunda e o seu coração transborda daquela caridade autêntica que anima o Coração de Jesus, e repete sem descanso por todas as almas sem distinção: *Pai nosso que estais nos céus, santificado seja o vosso nome, venha a nós o vosso Reino, seja feita a vossa vontade* — em todas e cada uma das almas — *assim na terra como no céu.*

A benignidade

Não basta querer o bem para os outros. O amor verdadeiro é um amor eficaz, que se traduz em atos. E a benignidade é precisamente essa predisposição do coração que nos inclina a fazer o bem aos outros.

A alma tomada pelo Espírito Santo não ama senão a Deus, não vive senão para Deus e por isso não tem senão uma única preocupação: contribuir

A BONDADE E A BENIGNIDADE

com todas as suas forças para a vinda do Reino de Deus ao mundo e a cada alma. Por isso, como está atenta para não fazer nada que possa, por pouco que seja, estorvar a ação da graça nas almas dos outros e desviá-las do seu único fim! Como vigia para não perder nem uma única ocasião de santificar essas almas e dirigi-las para Deus, a única Plenitude que poderão encontrar! A sua maior alegria é encontrar uma outra alma que pertence inteiramente a Deus ou contribuir para que uma ovelha desgarrada retorne ao redil do divino Pastor.

Que delicadeza infinita, se pudermos dizê-lo assim, nas suas relações com o próximo, sobretudo com as almas imperfeitas, nas quais o dom da Ciência a leva a discernir um membro ferido do Corpo Místico de Cristo! Redobra as atenções para com essas almas, a fim de não agravar de maneira nenhuma o seu mal. Reza e faz tudo o que está na sua mão para curá-las e atraí-las à vida de piedade.

Inteiramente entregue à ação do dom de Piedade, vigia cuidadosamente o seu próprio espírito, não se permitindo de forma alguma julgar o próximo e cobrindo com o manto da sua indulgência todas as fraquezas que nele descobrir. *A caridade não pensa mal* (1 Cor 13, 5).[1]

---

1   Ao mesmo tempo que evita julgar as pessoas que agem mal, o cristão toma também todas as medidas necessárias para coibir e, se possível, corrigir o mal: repreende e até castiga quando necessário, com moderação e senso de oportunidade, se quem age mal são os seus filhos ou subordinados; e se se trata de um amigo, de um familiar ou de um colega de trabalho, superior ou inferior, faz-lhe a *correção fraterna* recomendada por Cristo (cf. Mt 18, 15-18), conversando com essa pessoa a sós e mostrando-lhe com carinho e firmeza aquilo em que está errada e como pode emendar-se. Retifica, no que está da sua parte, as injúrias que a boa fama de alguém possa ter sofrido pela

A ação do ESPÍRITO SANTO na alma

Da mesma forma, longe de se deixar levar por uma satisfação maliciosa quando vê o próximo claudicar, o que faz é alegrar-se quando vê a verdade triunfar e entristecer-se diante do mal onde quer que o descubra. *A caridade não se alegra com a injustiça, mas compraz-se na verdade* (1 Cor 13, 6).

"Os que amam de verdade a Deus" — escreve Santa Teresa de Ávila — "amam tudo o que é bom, querem tudo o que é bom, louvam tudo o que é bom, unem--se sempre aos bons para sustê-los e defendê-los, só têm afeição pela verdade e pelas coisas dignas de serem amadas".

Se essas almas vigiam os seus pensamentos e os sentimentos do seu coração, com maior razão estão atentas para evitar toda a palavra que poderia ferir o próximo e toda a ação que pudesse vir a prejudicá-lo.

Quem poderá calcular o dano que se causa no mundo com palavras maldizentes, com *insinuações pérfidas*? São como flechas envenenadas que se cravam no coração de quem as escuta. Bem pode o ouvinte pensar que tudo aquilo não tem fundamento, que não é verdade, que certamente se trata de um exagero etc. — apesar de tudo, alguma coisa permanece no seu espírito. A confiança foi abalada e a dúvida, como o verme numa bela maçã, penetra de maneira quase imperceptível e vai fazendo o seu trabalho de destruição.

Esta é a origem de tantas divisões no seio dos lares, das cidades, das nações e até entre as nações.

---

maledicência ou pela calúnia de colegas e conhecidos comuns. E se houver terceiros que possam ser prejudicados por uma injustiça alheia, previne-os com discrição para que tomem as providências oportunas. [N. E.]

A BONDADE E A BENIGNIDADE

Essa arma terrível preparou e tornou inevitáveis tantas guerras cruéis, grandes e pequenas. O Apóstolo São Tiago chega mesmo a escrever: *Vede que um pouco de fogo basta para incendiar todo um grande bosque. Também a língua é um fogo. Como um mundo de iniquidade, a língua está entre os nossos membros a contaminar todo o corpo, a inflamar todo o ciclo da nossa existência, sendo ela por sua vez inflamada pelo inferno. Feras, aves, répteis e animais marinhos de todo o gênero são domáveis e têm sido domados pela força humana: mas a língua, nenhum homem foi capaz de domá-la; é um mal irrequieto e está cheia de veneno mortífero* (Tg 3, 6-8).

O que nenhum homem conseguiu fazer unicamente pelas suas forças naturais, o Espírito Santo o realiza com os dons de Conselho e Fortaleza. Para isso, é preciso deixá-lo agir, não opor resistência à sua ação santificadora. E como o único obstáculo à ação do Espírito divino em nós é a nossa soberba, o amor-próprio desordenado, quanto mais nos desprendermos de nós mesmos, mais idôneos nos tornaremos para a ação de Deus em nós.

Espírito Santo, dignai-vos abrasar os nossos corações com a divina caridade; concedei-nos a graça de nos fazermos tudo para todos, de nos alegrarmos com os que se alegram, de chorarmos com os que choram, a fim de que, depois de termos sido fiéis neste mundo ao mandamento de amor de Cristo, mereçamos gozar com Ele, na eternidade, do amor do Pai.

A MANSIDÃO E A FIDELIDADE

Quando São Paulo descreve a caridade perfeita, que pressupõe em nós o pleno desenvolvimento da ação do Espírito Santo, não se contenta com dizer que é *benigna*, nem é esta a primeira qualidade que nela assinala. Antes de mais, quer que seja *paciente*, isto é, disposta a suportar com equanimidade e por amor a Deus todas as provações da vida presente, físicas e morais. E é por isto que o Apóstolo propõe também a paciência entre os frutos do Espírito Santo, antes ainda da bondade e da benignidade.

Mas quando São Paulo se refere à paciência, considera-a sobretudo na sua relação com a própria alma, como condição da paz interior e do perfeito desenvolvimento do amor, e não tanto na sua relação com as outras pessoas. Com efeito, a paciência é-nos indispensável para suportarmos qualquer prova, venha ela de onde vier, quer de fora — isto é, dos outros —, quer de dentro — isto é, de nós mesmos —. Por isso, a paciência acompanha-se naturalmente de mansidão e suavidade para com as pessoas e as coisas que estão à nossa volta. Esta é a razão pela qual o Apóstolo menciona, entre os frutos do Espírito Santo, a *mansidão* e a *fidelidade*, logo depois da bondade e da benignidade.

A mansidão

Toda a gente conhece essa tendência psicológica tão humana a manifestarmos o nosso descontentamento por meio de gestos bruscos e violentos, quando um objeto ou pessoa se opõe aos nossos desejos. Desde o berço, as crianças, quando são contrariadas, atiram para longe tudo o que lhes vem parar nas mãos. E depois que crescem, se tropeçam numa pedra ou numa cadeira e se machucam, instintivamente tendem a vingar-se a pontapés do objeto em questão.

Por vezes também as mães, para pôr fim às lágrimas do seu pequeno, encorajam essa tolice batendo elas mesmas na "pedra malvada" ou na "cadeira malvada", quando não na "irmã ou irmão malvados", sem reparar que desta forma contribuem para fazer arraigar mais profundamente no coração do seu filho uma "tendência malvada", da qual elas próprias podem vir a ser as vítimas… Mais razoável seria que repreendessem suavemente a criança, levando-a a compreender que a cadeira ou a pedra não são de modo algum a causa da sua dor, que se deve apenas à sua própria falta de atenção. Assim a ajudariam desde pequena a reconhecer os seus enganos, ao invés de atribuir às coisas exteriores a culpa de todas as suas faltas. Nisto consiste a primeira formação das crianças na humildade, isto é, na verdade.

Quando o homem chega à idade adulta continua, como é evidente, sujeito a esta tendência que o leva a maltratar as coisas e as pessoas quando se sente contrariado. A mansidão de que nos fala São Paulo,

A MANSIDÃO E A FIDELIDADE

e que está incluída entre os frutos do Espírito Santo, tem precisamente por objeto dispor a nossa vontade para suportar as contrariedades com suavidade e sem irritação, isto é, sem dar mostras de impaciência e muito menos de cólera, sem deixar transparecer a menor perturbação. *A caridade não se irrita* (1 Cor 13, 5).

A alma entregue à ação do Espírito Santo pratica de uma maneira totalmente espontânea esta amável virtude, tão importante para a vida social. Se algo a contraria, sente-o vivamente, até mais do que se fosse mais imperfeita, porque tem mais delicadeza e sensibilidade. No entanto, em vez de se deixar levar pela irritação e de manifestá-la exteriormente, humilha-se diante de Deus e, à luz dos dons de Ciência, Conselho e Piedade, reconhece que a humilhação que lhe foi infligida ou a resistência que experimenta vem de Deus, seu Pai infinitamente bom e infinitamente amoroso, que se serve daqueles que a rodeiam para talhá-la, poli-la e torná-la cada vez menos indigna dEle. Por isso, longe de se revoltar contra as pessoas e as coisas, permanece em paz e se alegra na vontade com essas carícias que Deus tem para com ela.

Temos até a impressão de que essa alma se faz tanto mais amável e delicada para com os que tem à sua volta quanto mais é contrariada e provada de todas as formas. É que sente a necessidade de rezar mais pelas pessoas que a fazem sofrer e de ter mais solicitudes para com elas, porque as ama em Cristo e teme fazer-lhes mal se ceder à irritabilidade da sua natureza.

Uma alma assim agrada imensamente ao Coração do Senhor e contribui muitíssimo para o crescimento do seu Reino. Afinal, cedo ou tarde acabará por conquistar para Cristo os corações: *Bem-aventurados os mansos* — diz-nos Jesus —, *porque possuirão a terra* (Mt 5, 5). Que o Espírito divino se digne, pois, impregnar-nos deste espírito de mansidão, Ele que, a exemplo do Mestre, cuida de *não quebrar a cana rachada e de não apagar a mecha que ainda fumega* (cf. Mt 12, 20).

A fidelidade

À mansidão, tão necessária para manter o bom entendimento na vida social, acrescenta São Paulo a fidelidade. Que devemos entender por esta fidelidade? São Tomás vê nela a qualidade sobrenatural que inclina a vontade do homem a dar ao próximo tudo o que lhe é devido, sob a forma que for. Noutras palavras, é a justiça perfeita, a justiça no seu mais pleno acabamento.

E o que devemos nós ao próximo? Todos os nossos deveres para com ele, responde-nos São Paulo, resumem-se numa só palavra: *amá-lo. Quem ama o próximo cumpriu toda a lei* (Rm 13, 8), diz-nos, ou: *Carregai uns os fardos dos outros, e assim cumprireis a lei de Cristo* (Gl 6, 2). Com efeito, *a caridade é o cume e o vínculo da perfeição* (Cl 3, 14).

Amar o próximo como Cristo nos amou e continua a amar, com um amor misericordioso, isto é, um amor preveniente e inteiramente gratuito, um amor que não espera que os outros o mereçam. Que mérito haveria em amar os que nos amam e os que

A MANSIDÃO E A FIDELIDADE

são amáveis? Não é isso o que fazem igualmente os maus e os pagãos?

Amar o próximo com um *amor afetivo*, ou seja, com um *amor benevolente*, que se alegra com todo o bem natural e sobrenatural que enxerga nos outros, e com um *amor compassivo*, que se entristece com todo o mal que vê no próximo e sobretudo com a infelicidade das almas desprovidas da graça santificante e inconscientes da sua miserável situação. Tenho compaixão da multidão (Mc 8, 2), queixava-se Jesus.

Amá-lo com um *amor efetivo*, com um amor que se traduza na prática em mil atenções e delicadezas para com todos os que nos rodeiam e na prontidão em esquecer as indelicadezas e as ofensas que nos façam, buscando de todas as formas estreitar os laços da caridade fraterna quando por infelicidade se tenham afrouxado; e isso, qualquer que seja a causa desse esfriamento, quer provenha de nós ou dos outros. Não esperemos que os outros deem o primeiro passo. Apressemo-nos nós a dá-lo por amor a Deus e sem nos ocuparmos do que diz o nosso amor-próprio.

É somente nestas condições que poderemos praticar perfeitamente a justiça para com o próximo; afinal, estamos obrigados por um mandamento de Cristo a amá-lo como Ele nos amou (cf. Jo 13, 34). Como seria amável e fácil a vida em sociedade se cada um de nós amasse os outros com esse amor misericordioso, preveniente, gratuito, benevolente, compassivo; com essa caridade ao mesmo tempo afetiva e efetiva, que devemos uns aos outros por vontade do Senhor!

A alma inteiramente entregue à ação dos dons do Espírito Santo pratica de maneira espontânea e quase natural esta perfeita caridade. É uma "alma de alegria". Irradia a alegria de Cristo como o fazia a Virgem Santíssima, a quem a Igreja nos convida a invocar sob o belo título de *Causa da nossa alegria* e de *Nossa Senhora da Alegria*. Alegria pura e santa, alegria que não é dissipação, mas fruto do recolhimento e do verdadeiro amor, fruto de uma alma que transborda da paz divina porque não vive mais que para Deus por Jesus Cristo no seu Espírito divino.

Espírito Santo, que dispondes todas as coisas com fortaleza e suavidade, dignai-vos derramar nas nossas almas a vossa suavidade e caridade, para que, mortos para nós mesmos e preocupados unicamente com a glória de Deus e a salvação dos nossos irmãos em Cristo, já não vivamos senão de acordo com as vossas inspirações divinas, seguindo o exemplo de Jesus e de Maria, para a maior glória do Pai.

A MODÉSTIA

Depois de enumerar os frutos do Espírito Santo que aperfeiçoam a alma em si mesma e os que a aperfeiçoam nas suas relações com o que a envolve, São Paulo enumera os frutos que a aperfeiçoam nas suas relações com aquilo o que é inferior a ela mesma, isto é, as paixões. Estes frutos são a *modéstia*, a *continência* e a *castidade*.

A modéstia, tal como a mansidão de que acabamos de falar, é uma virtude singela, por vezes desprezada, mas que é muito cara ao coração de Cristo. Sem ela, a alma continua imperfeita, por maiores que sejam os empreendimentos a que se lance pela glória de Deus.

A modéstia sobrenatural que São Paulo nos propõe, tal como se encontra realizada na alma cristã entregue à ação dos dons do Espírito Santo e, particularmente, à dos dons de Ciência e Conselho, é uma disposição sobrenatural da alma que a inclina a guardar em todas as coisas a justa medida, impedindo-a assim de cair em excessos.

Porque, na verdade, todos somos muito dados a excessos. É uma consequência ou, melhor, uma manifestação do desequilíbrio interior que o pecado original causou em nós. Com efeito, que vemos neste mundo?... Violentos e fracos, avaros e pródigos, taciturnos e faladores, tímidos e presunçosos, pessoas deprimidas pela tristeza e outras exuberantes até o excesso, agitados e indolentes, apaixonados e apáticos, pessoas que nos atropelam com a sua precipitação e outras que nos exasperam com a sua lentidão. Caímos de um excesso em outro, e quem quer corrigir-se de um defeito cai com frequência no defeito oposto, tão difícil é encontrar o justo equilíbrio próprio da virtude no seu perfeito desenvolvimento.

O papel da modéstia sobrenatural é precisamente o de nos ensinar a guardar o justo meio, a justa medida em todas as coisas, como o fariam o Senhor ou a Santíssima Virgem se estivessem no nosso lugar. Por isso, é como que a qualidade das qualidades, a perfeição das outras virtudes, aquilo que as torna perfeitas na sua ordem. É por isso que não a encontraremos plenamente desenvolvida senão nas almas perfeitas.

Vejamos como deve exercer o seu influxo em todos os âmbitos da nossa atividade interior e exterior.

A modéstia que é fruto dos dons do Espírito Santo inclinar-nos-á, em primeiro lugar, *a apreciar na sua justa medida* — sem minimizá-los nem exagerá-los — *os talentos naturais e sobrenaturais* que Deus nos confiou para que os usássemos no interesse da sua glória e para o bem de todo o Corpo Místico. A seguir, levar-nos-á a usá-los unicamente para este duplo fim e na medida em que a Providência divina quiser servir-se de nós. Porque o Todo-Poderoso não tem necessidade da nossa colaboração seja no que for, e qualquer que seja a obra a que Ele se digne associar-nos e o papel

A MODÉSTIA

que deseje que cumpramos no mundo, devemos ter sempre presente que não passamos de *servos inúteis* (Lc 17, 10).

A modéstia modera também o nosso desejo de conhecer, a curiosidade. Existe, na realidade, uma curiosidade boa, mas também há uma curiosidade inútil e uma curiosidade indiscreta, perigosa e até, com frequência, fatal para a vida da alma.

Saibamos evitar toda a leitura inútil e, com maior motivo, toda a leitura que possa prejudicar a nossa alma. Mesmo no que diz respeito aos livros de leitura espiritual, não devemos ter o afã de ler quantidades. Quando encontrarmos um livro que pareça responder às necessidades da nossa alma num momento determinado, devemos lê-lo pausadamente e sem precipitação, meditando-o, relendo-o sempre que necessário, a fim de nos empaparmos bem do que diz, de assimilar o seu conteúdo e de pô-lo em prática. Santa Teresa do Menino Jesus conta-nos que, ainda muito jovem e antes de se tornar carmelita, "alimentava a minha vida espiritual com o pão puro da *Imitação de Cristo*". Era o único livro que lhe fazia bem, e por sua vez nunca deixou de lê-lo diariamente.

Sejamos modestos também nos nossos juízos. Desconfiemos da mania de julgar tudo, de criticar tudo, que é a causa de tantos desgostos nas nossas relações com as outras pessoas. Evitemos erigir-nos em juízes dos nossos irmãos. *Não julgueis e não sereis julgados* (Mt 7, 1), diz-nos Cristo. Não julguemos ninguém, nem para bem nem para mal, a menos que tenhamos o dever de fazê-lo por obrigação do cargo que ocupamos; e, mesmo neste caso, façamo-lo com temor e com cautela, desconfiando da nossa maneira de ver, que pode muito bem não ser a de Deus.

Para não julgar indevidamente, não consintamos que o nosso espírito se ponha a girar continuamente em torno da conduta do nosso próximo, sobretudo dos nossos chefes, diretores ou superiores. Muito mais simples e mais sobrenatural é ver em todos os que nos rodeiam unicamente os instrumentos de que a misericórdia divina dispõe para nos aperfeiçoar. Mesmo que esses instrumentos fossem deficientes diante de Deus, continuariam a ser, para tudo o que nos diga respeito, instrumentos dos seus desígnios misericordiosos para conosco.

Nisto reside a *humildade de espírito*, essa humildade verdadeira e profunda que torna fácil obedecer mesmo aos governantes pagãos, sempre que as leis que formulem sejam justas; quanto mais então ao nosso diretor espiritual e a todas as autoridades eclesiásticas unidas ao Santo Padre, que, apesar das imperfeições que possam ter, não alimentam outro desejo senão o de que venha a nós o Reino de Deus.

Por causa da tendência ao orgulho que se instalou em nós como consequência do pecado original, todos sentimos a mesma tentação que os Apóstolos experimentaram antes da Paixão do Salvador, isto é, a de procurarmos os primeiros lugares e tudo o que houver de mais brilhante aos olhos dos homens. Também nesta matéria o papel da modéstia é moderar em nós essas ambições meramente humanas, e até levar-nos a desprezá-las como Cristo, nossa

A MODÉSTIA

Cabeça, as desprezou, a fim de buscarmos unicamente o que for do agrado de Deus Pai.

Que importa trabalhar aqui ou ali, ocupar este posto ou aquele outro? Não deveríamos ambicionar nem mesmo um lugar mais elevado no Céu. Que o nosso único desejo seja cumprir a todo o momento a vontade de Deus e dar-lhe glória, agora e na eternidade, da maneira que lhe pareça melhor a *Ele*.

Não há dúvida de que devemos empenhar-nos em amar cada vez mais a Deus e em fazer da melhor maneira possível tudo o que fazemos, mas unicamente para corresponder aos desejos do seu Coração e manifestar-lhe assim o nosso amor. O que devemos querer é o que Deus quer, como Ele o quer e porque Ele o quer.

A *modéstia*, fruto do Espírito Santo nas almas, inclinar-nos-á também a conformar todos os afetos do nosso coração com os afetos do Coração de Jesus, e a moderar com este fim a nossa sensibilidade e a nossa imaginação. Caso contrário, as forças do nosso coração ávido por amar se veriam desperdiçadas, em enorme medida, entre umas inclinações desordenadas e umas amizades superficiais, quando deveriam dirigir-se por inteiro para Deus, intensa e santamente, conjugadas nesse amor puro e desinteressado que abrasa o Coração de Jesus.

Feliz a alma que, seguindo o exemplo do Filho, não ama senão o Pai, e todas as outras pessoas e coisas unicamente nEle, com Ele e só por Ele! E que, por amor a Ele, se aplica em cumprir carinhosamente o dever do momento presente e em guardar com cuidado a sua imaginação, para que

A ação do ESPÍRITO SANTO na alma

esta não se volte inutilmente para o passado nem se preocupe, por pouco que seja, com o futuro.

É desta forma que a modéstia regula todos os movimentos da nossa alma. Mas a sua ação não se esgota nos aspectos que enumeramos. Estende--se a toda a nossa atividade, aos olhos, aos ouvidos, à língua, à compostura e aos gestos, à maneira de tratar as pessoas e as coisas, ao alimento e ao descanso, ao modo de vestir-se e ao arranjo pessoal, às brincadeiras e às diversões. Modera tudo o que fazemos, evitando todo o excesso num sentido e noutro, de forma que nos comportamos em todas as circunstâncias não só como o exige a reta razão, mas também como se comportariam o Senhor ou a sua Santíssima Mãe, evitando toda a negligência e simultaneamente todo o exagero.

É evidente que a perfeição que admiramos nos santos supera as forças da natureza humana e exige uma contínua assistência do Espírito Santo. O único modo de consegui-la é abandonarmo-nos inteiramente à ação do Espírito divino, fazendo--nos cada vez mais pequenos. Porque é reconhecendo com sinceridade e simplicidade a nossa pequenez e miséria que combatemos o orgulho e nos preparamos bem para receber o influxo do Espírito Santo.

Espírito Santo, Deus da Verdade e do Amor, que dispondes todas as coisas com peso e medida e a todas conduzis com fortaleza e suavidade para o fim próprio de cada uma e para o fim geral do universo, concedei-nos a graça de agir em todas as circunstâncias unicamente

A MODÉSTIA

segundo a vossas divinas inspirações, evitando assim todo o atropelo e toda a negligência, a fim de que, depois de termos glorificado o Pai no Filho durante esta vida, possamos cantar por todo o sempre, em união convosco, os louvores da Santíssima Trindade.

A CONTINÊNCIA E A CASTIDADE

Entre os frutos que o Espírito Santo produz na alma entregue à sua ação, São Paulo enumera por fim a *continência* e a *castidade*.

São Tomás de Aquino diz-nos que a castidade, enquanto disposição sobrenatural da alma, deve ser entendida como essa pureza perfeita e intocada das almas que Deus, na sua misericórdia, se digna preservar até das tentações contra esta virtude. Assim foi, sem sombra de dúvida, a castidade de Cristo, de Nossa Senhora e de São José. Deus gosta de preservar determinadas almas de todo o movimento desordenado da concupiscência desde a infância, e é esta uma grande graça. Santa Teresa do Menino Jesus foi uma dessas almas privilegiadas, conforme ela mesma confidenciou à sua irmã Paulina no decurso da sua última doença.

Ao mesmo tempo que lhes faz este precioso favor, Deus costuma outorgar a essas pessoas uma grande prudência e delicadeza que as levam, como que por instinto, a se manterem sempre extraordinariamente vigilantes para evitar tudo o que possa manchar a sua pureza. Também este é um efeito dos dons do Espírito Santo.

Essa castidade e vigilância perfeitas para evitar tudo o que poderia manchar a imaginação e os sentidos não significa, porém, que essas almas padeçam de ignorância a respeito das coisas da vida. Como escrevia Santa Teresa de Lisieux à sua irmã, "o mal não está em conhecer as coisas [...]; a Virgem Santíssima conhecia tudo. No dia da Anunciação, perguntou ao Anjo: *Como pode ser isto, se não conheço varão?* (Lc 1, 34). Tudo o que Deus fez é muito bom e muito nobre. O matrimônio é belo para aqueles a quem Deus chama a esse estado; é o pecado que desfigura e mancha o sexo".

Por isso, a alma perfeitamente casta e dedicada a Deus vigia com o maior cuidado o seu comportamento, rejeitando todas as curiosidades inúteis nesta matéria e conservando o seu coração livre de todo o afeto que pudesse, por pouco que fosse, distraí-la do único objeto do seu amor.

Ainda criança, Teresa de Lisieux orava frequentemente: "Jesus, doçura inefável, transformai para mim em amargura todas as consolações da terra". Parece claro que repetia essas palavras sob a influência do Espírito Santo, porque ela mesma nos confia que não compreendia nem de longe o seu alcance. Mais tarde, escreveria: "Não quero que as criaturas tenham um só átomo do meu amor; quero dá-lo todo a Jesus". E também: "Jesus, que eu não busque nem encontre ninguém senão a Ti. Que as criaturas não sejam nada para mim, e eu nada para elas. *Só Jesus!* Nada mais do que Jesus. É somente a Ele que quero agradar, *só a Ele, só a Ele!*"

Feliz a alma que conserva intacta essa flor preciosa e delicada que é a virgindade! Tem-se a impressão de que a virgindade não é, hoje em dia, encarecida como deveria, e é uma lástima, pois esta virtude exerce um atrativo muitíssimo vivo sobre as almas

A CONTINÊNCIA E A CASTIDADE

enquanto conservam a pureza da graça batismal. Deveria ser absolutamente normal para todo o rapaz e para toda a jovem cristã chegarem virgens ao casamento, ao sacerdócio ou à profissão religiosa. Evitar-se-iam uma infinidade de imprudências nesta matéria se, como sempre se fez na Igreja, não se tivesse medo de formar as almas jovens para viverem bem a castidade, de maneira positiva e enquanto ainda é tempo.

Algumas vezes, Deus outorga também o dom da castidade perfeita às almas que combateram com generosidade pela pureza, como recompensa pela sua perseverança e fidelidade no seu serviço. Assim, o jovem Tomás de Aquino viu-se livre de uma vez por todas de todo o movimento da concupiscência depois de ter expulsado do seu quarto uma cortesã que os seus irmãos tinham introduzido ali com a intenção de corrompê-lo e de levá-lo a renunciar à sua vocação.

Essas almas devem recordar sempre que, por si mesmas, não são mais do que pura fraqueza e que, portanto, têm obrigação de ser sempre muito prudentes, a fim de não deitarem a perder nem um átomo desse tesouro precioso que lhes foi confiado. Mas seria um erro crer que a alma abandonada à ação dos dons do Espírito Santo necessariamente se vê livre de todas as tentações contra a virtude da pureza. "Acontece com frequência" — escreve São Gregório Magno — "que a alma é elevada pelo Espírito Santo até às alturas e, no entanto, a carne continua a assaltá-la duramente... Parece que o Céu e o Inferno se encontram nela ao mesmo tempo, pois essa alma se vê simultaneamente iluminada com as luzes da contemplação e obscurecida com as mais inoportunas tentações".

É por isso que São Paulo enumera, ao lado da *castidade perfeita*, como mais um fruto do Espírito Santo na alma perfeita, a *continência*, que é a *castidade laboriosa* das almas sujeitas a tentações impuras.

O Senhor permite às vezes que uma alma inteiramente entregue ao seu amor, como uma Santa Catarina de Sena ou uma Santa Ângela de Foligno, sofra cruelmente neste aspecto, quer porque deseja levá-la a aprofundar ainda mais os fundamentos da humildade, quer porque deseja dar-lhe ocasião de reparar assim a multidão dos pecados que se cometem contra essa bela virtude. São Francisco de Sales escreveu a este propósito: "São Paulo sofreu durante muito tempo as tentações da carne e, longe de desagradar a Deus por isso, deu-lhe muita glória; e a bem-aventurada Ângela de Foligno experimentou tentações tão cruéis que sentimos pena dela ao ler como as relata. Igualmente foram grandes as tentações que São Francisco e São Bento tiveram de suportar [...], e nem por isso perderam um grãozinho que fosse da graça de Deus, mas antes a tiveram aumentada, e muito aumentada".[1]

Nesses casos, o mais penoso para a alma é a perturbação em que essas tentações a lançam; é tão grande que lhe parece que já não ama a Deus de verdade. "O amor a Deus" — diz-nos ainda São Francisco

---

1   *Introdução à vida devota*, 3.

A CONTINÊNCIA E A CASTIDADE

de Sales — "parece já não estar presente em parte alguma senão na fina ponta do espírito; tem-se até a impressão de que não se encontra nem mesmo ali, porque custa muito a encontrar".[2]

Depois de sofrer uma cruel tentação desse gênero, Santa Catarina de Sena exclamava:

— Onde estáveis, Senhor, onde estáveis quando o meu coração se via cheio de tantas trevas e de tanta imundície?

— Estava no teu coração, minha filha — respondeu-lhe o Senhor.

— E como podíeis permanecer no meu coração quando estava tão repleto desses pensamentos horrorosos? Será que habitais em lugares imundos?

Por sua vez, o Senhor perguntou-lhe então:

— Diz-me, minha filha, esses maus pensamentos do teu coração davam-te alegria ou tristeza, amargura ou deleite?

— Extrema amargura e tristeza — respondeu ela.

— Pois bem — acrescentou Jesus. — Quem te dava essa amargura e tristeza senão Eu, que permanecia escondido no mais íntimo da tua alma? Essas penas eram um grande mérito e um grande acréscimo para a tua virtude e a tua fortaleza.

"Esses grandes assaltos e essas tentações tão fortes" — escreve ainda São Francisco de Sales — "jamais são permitidas por Deus, no caso das almas que querem pertencer-lhe totalmente, se não for com vistas a elevá-las até ao mais puro e excelso amor". E conclui: "Assim, quaisquer que sejam as

---

2 *Introdução à vida devota*, 4.

tentações de que padeçais e qualquer que seja o deleite que a elas se siga, não vos perturbeis enquanto a vossa vontade se negar a consentir não só na tentação mas também no prazer, pois Deus não se considera ofendido".

Como são reconfortantes estas palavras para as almas que têm de lutar para continuarem a ser fiéis ao seu ideal de perfeita pureza! Longe de se deixarem levar pelo desalento, devem recordar o que Santa Teresa do Menino Jesus escrevia a uma pessoa atormentada por esse gênero de tentações: "Feliz aquele que foi considerado digno de sofrer a tentação!" Com efeito, a tentação não é senão uma ocasião para a alma provar o seu amor e a sua indefectível fidelidade a Deus.

A alma entregue à ação do Espírito Santo recorre espontânea e instintivamente aos meios que os mestres da vida espiritual recomendam de maneira unânime para esses casos: abre de par em par o coração com o seu diretor espiritual. São Tomás de Aquino diz-nos: "O demônio, que é orgulhoso e impuro, inimigo de toda a humildade e de toda a pureza, não consegue suportar a humildade de uma boa confissão. Por isso, não há nada melhor nem mais fácil para defender-se destas tentações do que expô-las abertamente ao confessor, e isto sempre que se repitam".[3] Este é também o pensamento de São Francisco de Sales, "pois a primeira cumplicidade do demônio com alma que pretende seduzir é a do silêncio [...]. Deus, pelo contrário,

---

3   *Opúsculos*, 63.

A CONTINÊNCIA E A CASTIDADE

com as suas inspirações, pede-nos que nos demos a conhecer aos nossos diretores espirituais".[4]

A experiência confirma esse ensinamento, a tal ponto que, habitualmente, bastará que a alma tome a decisão de se abrir com clareza ao seu diretor, expondo as suas tentações, para que estas desapareçam imediatamente. Feliz alma a quem o Espírito Santo concede aproveitar-se dessas tentações tão penosas para humilhar-se e preparar-se para receber mais abundantemente a sua graça!

Espírito Santo, Deus de santidade e de pureza, Fogo divino que abrasais os corações dos bem-aventurados, vinde e consumi tudo aquilo que, em nós, desagrada ao vosso olhar divino. Concedei-nos a graça de glorificar para sempre o Pai com Jesus e Maria, purificados já de todo o afeto desordenado e libertados de todo o laço de pecado, por Vós, Espírito divino, que viveis e reinais com o Pai e o Filho na felicidade eterna. Amém.

---

4   *Introdução à vida devota*, 7.

A MARIA, ESPOSA DO ESPÍRITO SANTO

Ó Vós, que mais do que qualquer outro ser humano
fostes confiada ao Espírito Santo,
ajudai a Igreja do vosso Filho a perseverar nessa confiança
para que possa derramar sobre todos os homens
os inefáveis bens da Redenção e da Santificação
e libertar assim a criação inteira.

Ó Vós, que estivestes com a Igreja no princípio da sua
missão,
intercedei por ela para que ensine continuamente
a todas as nações e anuncie o Evangelho a toda a criatura.
Que a palavra da verdade divina e o Espírito do amor
encontrem acolhida no coração dos homens
para que vivam a plenitude da vida.

Ó Vós, que conhecestes o poder do Espírito Santo,
quando vos foi dado conceber no vosso seio virginal
e dar à luz o Verbo eterno, obtende para a Igreja
o Dom de fazer sempre renascer da água e do Espírito
Santo
os filhos e as filhas de toda a família humana,
sem distinção alguma de língua, de raça, de cultura,
dando-lhes assim, "a capacidade de ser filhos de Deus".

Ó Vós, que estais tão unida à Igreja, precedendo o povo de Deus
pelos caminhos da fé, da esperança e do amor,
abraçai todos os homens que estão no caminho,
peregrinos através da vida temporal rumo aos destinos eternos,
com o mesmo amor que o Redentor divino, vosso Filho,
derramou no vosso coração do alto da cruz.

Sede Vós a Mãe de todas as nossas veredas terrenas,
mesmo quando se fazem tortuosas,
para que todos voltemos a nos encontrar no final,
na grande comunidade que o vosso Filho chamou o seu aprisco,
e pela qual ofereceu a sua vida como Bom Pastor.

Ó Vós, que sois a primeira serva da unidade do Corpo de Cristo,
ajudai-nos, ajudai a todos os fiéis que experimentam
tão dolorosamente o drama das divisões históricas
do cristianismo, a buscar constantemente a unidade perfeita
do Corpo de Cristo, mediante a fidelidade incondicional
ao Espírito de verdade e de amor, que lhes foi dado
a preço da cruz e da morte do vosso Filho.

Ó Vós, que servis como mãe a toda a família dos filhos de Deus,
obtende para a Igreja o Dom de que,
enriquecida pelo Espírito Santo com a plenitude
dos dons hierárquicos e carismáticos,

A MARIA, ESPOSA DO ESPÍRITO SANTO

saiba prosseguir com constância em direção ao futuro
pelo caminho da renovação marcada pelo Espírito Santo
[...]
assumindo nessa obra renovadora tudo o que é verdadeiro e bom,
sem se deixar enganar nem em uma direção nem em outra,
mas discernindo assiduamente entre os sinais dos tempos
o que serve ao advento do Reino de Deus.

Ó Mãe dos homens e dos povos, Vós conheceis
todos os sofrimentos e esperanças;
Vós sentis maternalmente todas as lutas entre o bem e
o mal,
entre e luz e as trevas, que sacodem o mundo:
acolhei o nosso grito que, no Espírito Santo,
se dirige diretamente ao vosso coração,
e abraçai com o amor da Mãe e da serva do Senhor
aos que mais esperam esse abraço.
Amparai sob a vossa proteção materna toda a família
humana:
a Vós a confiamos, ó Mãe, com afetuoso arroubamento.
Que para todos chegue logo o tempo da paz e da liberdade,
o tempo da verdade, da justiça e da esperança.

Ó Vós, que mediante o mistério da vossa particular
santidade,
livre de toda a mancha desde o momento da vossa
conceição,
contribuís sem descanso para a revelação dos filhos de
Deus
que toda a humanidade espera impaciente,
para entrar na liberdade e na glória.

A ação do **ESPÍRITO SANTO** na alma

Ó Mãe de Jesus, glorificada já no Céu
em corpo e alma, como imagem e primícias da Igreja
que deverá ter o seu cumprimento na idade futura,
até que venha o dia do Senhor não cesseis de brilhar
aqui na terra diante do povo peregrino de Deus
como sinal de segura esperança e de consolação.

Espírito Santo, Deus, que com o Pai e o Filho
recebeis a mesma adoração e glória:
aceitai estas palavras de humilde confiança
dirigidas a Vós do coração de Maria de Nazaré,
Esposa e mãe do Redentor,
e a quem a igreja também chama sua Mãe
porque desde o Cenáculo de Pentecostes
aprende dela a própria vocação maternal.
Aceitai estas palavras da Igreja peregrina,
pronunciadas entre fadigas e alegrias, entre medos e
esperanças,
palavras com as quais a Igreja que vos foi confiada,
ó Espírito do Pai e do Filho,
no Cenáculo de Pentecostes e já para sempre,
não cessa de repetir, juntamente convosco,
ao seu Esposo divino: Vinde!
O Espírito e a esposa dizem:
Vinde, Senhor Jesus!
"Assim a Igreja universal apresenta-se como um povo
reunido na unidade do Pai, do Filho e do Espírito Santo".
Assim repetimos nós hoje: Vinde!,
confiando na vossa maternal intercessão,
ó clemente, ó piedosa, ó doce Virgem Maria!

(São João Paulo II)

Direção geral
Renata Ferlin Sugai

Direção editorial
Hugo Langone

Produção editorial
Juliana Amato
Gabriela Haeitmann
Ronaldo Vasconcelos
Roberto Martins

Capa
Gabriela Haeitmann

Diagramação
Sérgio Ramalho

ESTE LIVRO ACABOU DE SE IMPRIMIR
A 13 DE MAIO DE 2024,
EM PAPEL PÓLEN BOLD 90 g/m².